稲作文化の原郷を訪ねて

―越系少数民族探訪―

森田勇造

山東省の泰山における玉皇頂のすぐ下にある多くの碑文が刻まれた唐摩崖

徐福の70代目の子孫だと言う徐広法（75歳）さん

蘇州の水路沿いに建ち並ぶ白壁の家

安徽省銅陵市にある紀元前の春秋戦国時代の銅鉱採掘坑道に使われた炭化木の露出

金牛洞銅鉱採掘遺跡全景

露出している銅鉱採掘の古い坑道

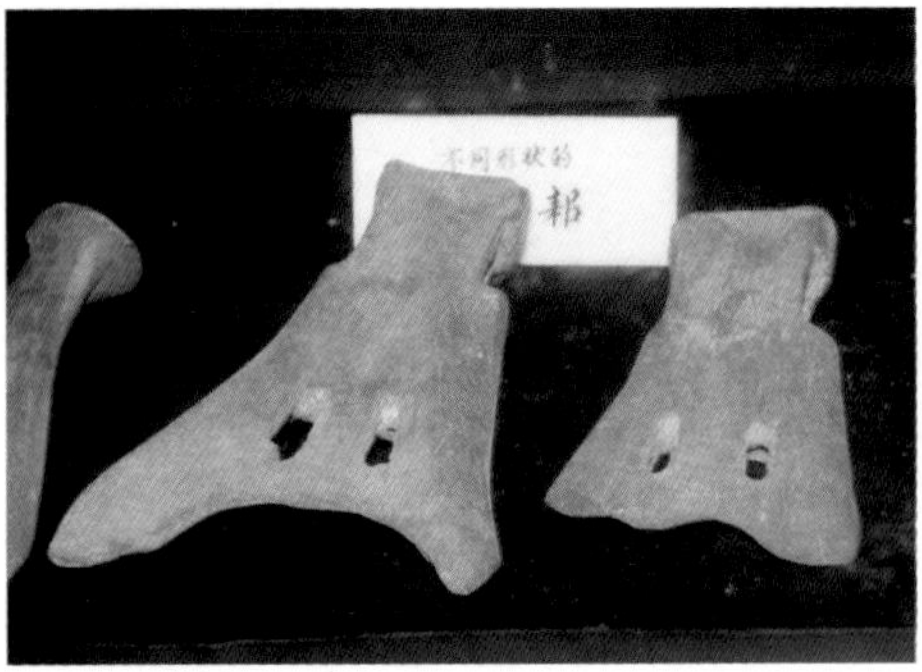

5～6000年前の動物の骨製農具

7000年前の河姆渡遺跡の炭化籾
（浙江省河姆渡遺跡）

当時の三石かまど

第4層から出土した土製の鉢

5～6000年前の骨製の祭事用器具

鉢に描かれた猪像

浙江省景寧の畲《シェ》族が使用するいろいろな鍬

景寧畲《シェ》族の墓

竹製の帽子をかぶり、棕櫚《シュロ》の蓑を身に着けた畲《シェ》族の青年

舟山群島の黄土色の海。網で小エビを獲る漁船

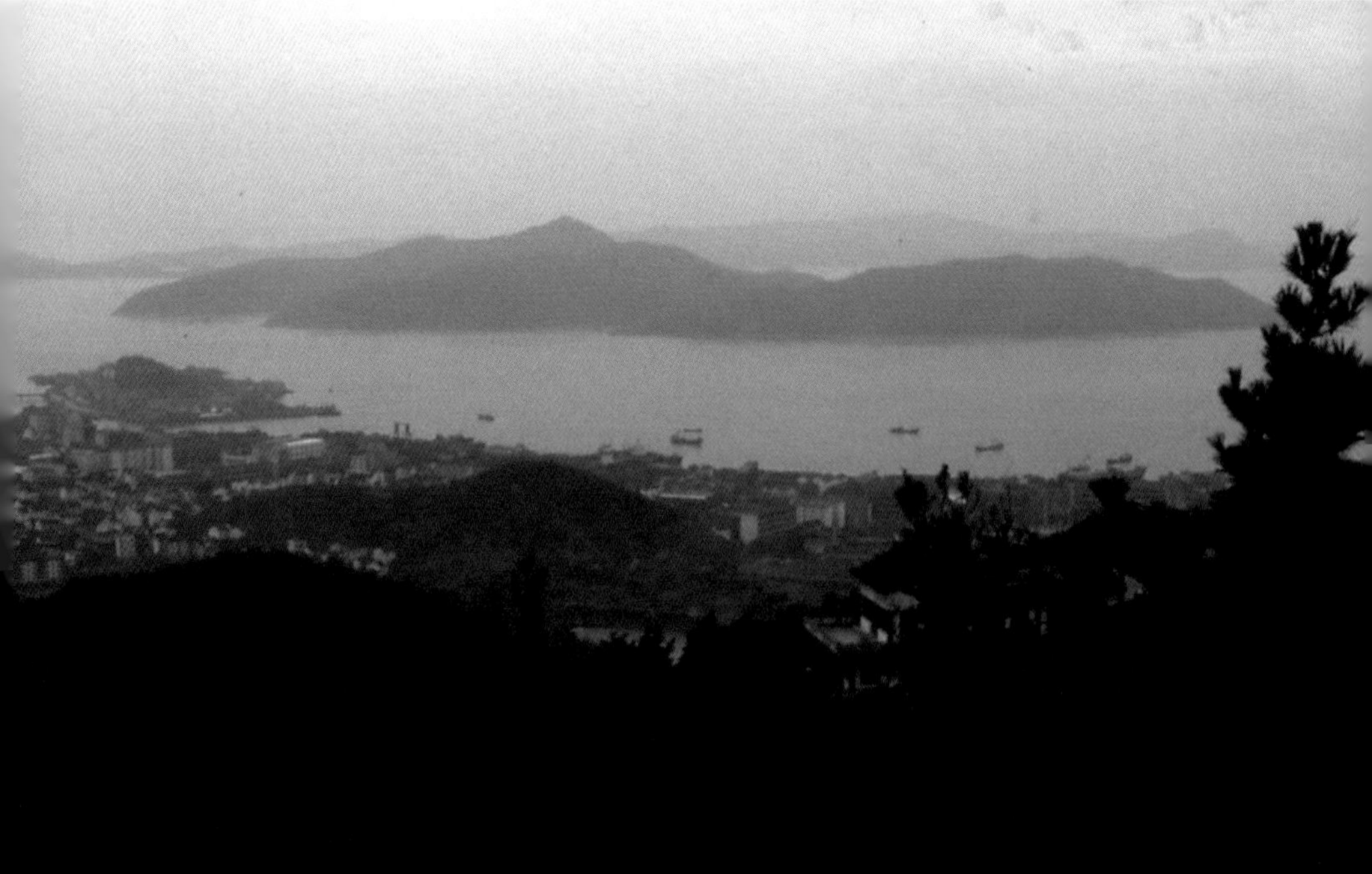

岱山の高寧鎮前の岱山水道

掘られた断面に4000年前の土器片が見える
（唐家墩文化遺跡）

舟山の白線十字路稲作文化遺跡から発掘された
5000年前の土器の盃

白線鎮の埋め戻された遺跡現場

舟山の唐家墩文化遺跡で筆者が拾い集めた4000年前の土器片

福建省南山地方の畲《シェ》族の女性たち。頭の大きな飾りを付けている人は既婚者、輪は未婚者

女性たちの後ろ姿

武夷の崖墓から降ろされ、博物館に展示されている船棺

福建省にあった閩越国の門構えの中の虫の字は、龍に類似する猛毒の蛇を図案化したもの

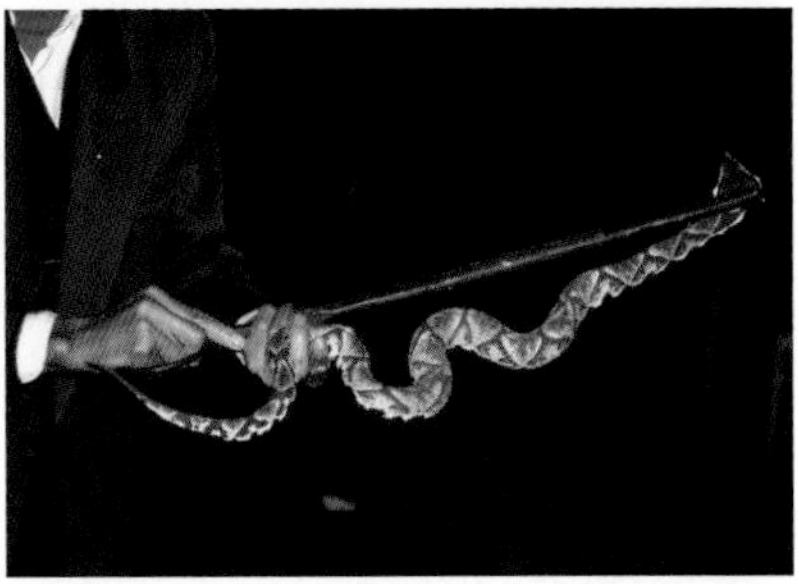

武夷地方に多い猛毒の蛇。この龍のような蛇を図案化したのが“閩《びん》”

約400年前の建設という武夷地方の
下梅村村長鄒家の出入り口

下梅村の珍しい小川を挟んだ両側の主な通り

江西省東郷の野生稲群を囲う壁の上に立って内側を見る

白く塗られた壁の中が野生稲の保護地

水辺の野生稲

群生する野生稲

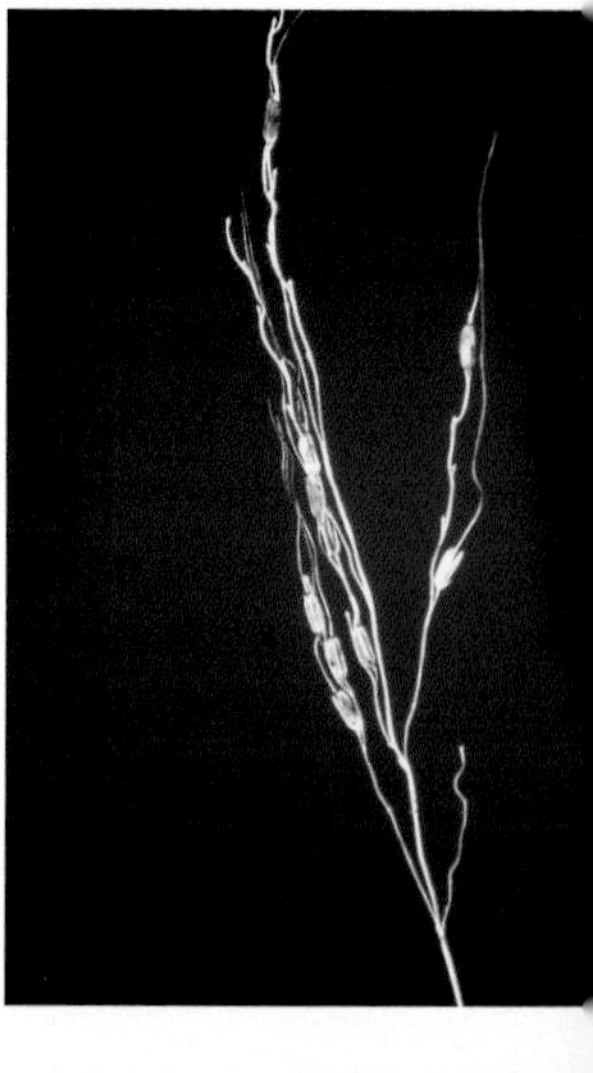

野生稲の実に付いたひげの芒《のぎ》は、大変長い

江西省龍虎山の懸崖（絶壁）の洞穴にある墓は、崖墓と呼ばれている

懸崖の洞穴に安置された木棺

川面から高い所の崖墓

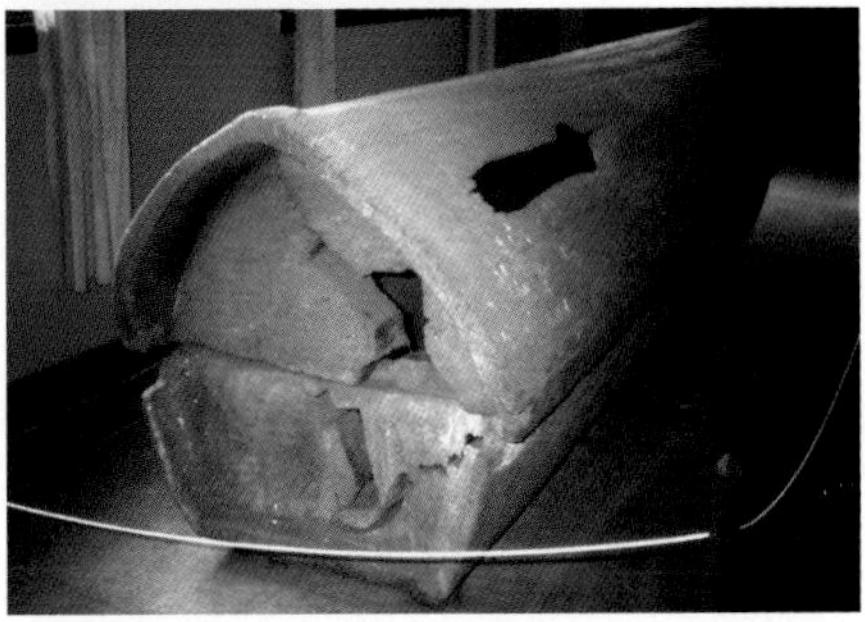

崖墓から降ろされた巨大な木棺

銀製品を身につけて着飾った苗族《ミャオ》の娘たち

近在の人々が交通手段として日常的に使う苗族《ミャオ》の小型の川船ニヤン（貴州省）

貴州省、侗《トン》族のサオ村で一番大きい13層の鼓楼

広西壮《チワン》族自治区の花山岩画

頭髪二本の双髪は男

犬の上に立つ人はリーダー、首長で一世代を意味する

竹製の帽子をかぶって、山頂で雨乞いのために踊る女性たち

雲南省景洪のランツアン川タイ族の龍船祭会場

女性の龍船も参加して激しく競った

海南省、リ族の織物のデザイン

ビヤンという酒の酵母

リ族正装の娘たち

二本の長い竹棒に挟まれないようにリズミカルに進む

旅先で出会った人々

はじめに

私は、一九七五年九月に初めて北京を訪れて以来、二〇一八年四月までの四十三年間に、中華人民共和国に八〇回訪れ、ほぼ全省を踏査した。

日本人では広い全土をくまなく探訪した者はほとんどいないと思うが、私は、主に「日本の民族的、文化的源流を探る」を探訪のテーマにしていたので、都会よりも地方、中心の漢民族よりも東シナ海に近い江南地方に住んでいた越系民族の末裔である苗《ミャオ》族、侗《トン》族、壮《チワン》族、畲《シエ》族、タイ族、リ族などのような少数民族が住む東南地域を中心に探訪した。

1967年6月、初めて万里の長城を見学した筆者

ここでまず、江南地方を故郷とする越系民族について、簡単な説明が必要だろう。

江南地方とは、中国大陸東部の長江下流域の南側地域で、現在の江蘇省南部・安徽省東部・江西省東北部、そして浙江省のことである。

江南地方は、温暖な気候で水と肥沃な大地に恵まれ、稲作農業の発祥地でもあったので、比較的食糧の確保が容易で住みやすかったこともあり、古くから人口が多く、都市国家が始まる青銅器時代には、越や呉などの国が興った。

越は、春秋時代の紀元前六〇〇年頃から紀元前三〇六年頃まで、今日の浙江省辺りにあった国で、首都は今日の紹興にあたる会稽であった。

江南の浙江地方は山あり、谷あり、川あり、平地ありで、樹木や草が多く、比較的日本西南部の温暖な自然環境に似ている。

この江南地方に越国を作った越族は、華北の黄河流域の諸民族、特に漢民族とは全く別の民族であった。越族は、華北の麦や粟などの畑作や牧畜を中心とする生活文化とは違った、特に、「北麺南飯」と表現される食文化の違いがあった。米や野菜、魚などを中心とする水田稲作農耕文化を発展させていた。

浙江省の景寧畲《シェ》族の田植え

当時の越国は、「呉越同舟」で有名な類似民族の呉の国を、紀元前四七三年に滅亡させ、その後百五十年近くも江南地方を支配していた。

越時代の人々は、男はふんどしを締め、全身に入れ墨をし、女は腰巻姿であったとされている。また儀式の時には頭に精霊の宿る鳥の羽根を差す「羽人」でもあった。そして、銅鑼を叩いて歌い踊ったとされている。それに、川や湖が多く海があるので、潜って魚介類を採り、家は木や竹製の高床式で、半農半漁の人々が多かったようである。

このような特徴は、『魏志』の中にある「倭人伝」に表現されている倭人の風習とほぼ同じである。温暖で水と豊かな大地などの自然環境に恵まれ、しかも稲作農業による米という強力な食糧を手にしていた越族は、人口が増加し、豊かな社会を営んでいたが、やがて西の楚の国に滅ぼされ、越国の貴族や多くの人々は南の福建省近辺に逃げ、閩越国を建国する。

しかし、紀元前三世紀頃には秦の始皇帝が中国大陸の諸国を統一し、更に唐や隋時代にも、華北の漢民族系の人々が南進してきた。特に北方民族侵攻によって元や南宋、明朝時代になると、自然環境の厳しい華北の諸民族が南下し、越族の人々は山奥の僻地に追われたり逃げたり、そして政策的に移住させられたり、南方へ移動したりして、南越と呼ばれるベトナムまでの広大な地域に、稲作文化を携えて分散し、百越といわれるほど多くの国を作った。そして、その末裔たちが今も各地で生活している。

閩越国の門構えの中の虫の字は猛毒の蛇を図案化したもの

そこで、江南地方発祥の稲作文化と稲作に大変重要な水の神様を蛇とし、そのイメージを発展させた龍を想像した、〝龍蛇信仰〟の精神世界を携えて、江南地方から分散した人々を、ここでは越系民族とする（日本にも古来龍蛇信仰はあり、蛇をご神体とする神社がある）。

中華人民共和国は、一般的に〝中国〟と呼ばれており、四千年の歴史があると言われているが、正確には一九四九年十月の建国

江蘇省連雲港近くの徐福の故郷の徐福碑と廟

であり、共産主義という新しい社会制度なので、まだ七十数年の若い〝新制中国〟なのである。しかし、中国大陸に住んでいる各民族、特に越系民族の歴史は大変古いが、今や中国共産党の下に教育によって漢民族文化に統合されかけている。

中華人民共和国、すなわち、新しい共産主義制度の新制中国は、物理的には日本に近い国だが、主義思想などの社会的・文化的な面からすると、今は遠い国。しかも、日本の四五倍以上も広い大地に、五十六民族、十四億もの民が暮らしている国なので、捉えようがない。だが越系民族は遠く離れていても外見や稲作文化的には日本人に近いのである。

私は、古代の日本に関係があったと思われる中国大陸東南部の越系少数民族を、この半世紀近くもの間にほとんど踏査した。その都度撮影した多くの記録写真を中心に、「稲作文化の原郷を訪ねて—越系少数民族探訪—」のテーマで一冊にまとめ、日本の稲作文化に類似する人々の生活を通して、稲作文化の原郷は江南地方であることを、少しでも分かってもらえればと思い、簡単な文章を添えて越系民族の末裔たちのありさまを紹介する。

まずは、日本の稲作文化に大きな影響があったと思われる神仙道方士の徐福が出発した山東省から始め、江蘇省、安徽省、浙江省、舟山群島、福建省、江西省、貴州省、広西壮《チワン》族自治区、雲南省、海南省などの、まだ漢民族文化に統合されきっていない、越系民族の末裔たちの現状をご覧あれ。

目次

1 山東省

泰山の南天門から見下ろした長い階段

前漢の武帝が築いたと言われる城塞のような蓬莱港

(1) 蓬莱市

蓬莱市は、山東半島の北部に位置する煙台市から北西約七四キロに位置し、北は渤海、南は黄海に面しており、黄渤海分界線がある。

蓬莱は、古代において秦の始皇帝が訪れ、前漢の武帝が築城したと言われる町で、古くから知られていた所。蓬莱の沖合には時々島のような蜃気楼が見える。人々は、それを〝蓬莱山〟と呼んでいた。

蓬莱は、中国大陸東部の古い伝説で、仙人が暮らす所とされている。中国語では、海面から突き出た島を〝山〟と表現する。蓬莱山は、東海の仙人が住む島として知られていた。そのため、秦の始皇帝が、不老長寿の仙薬を求めてこの地を訪れたと言われている。

中国大陸東部の東シナ海に面した海岸地帯に、古くからあった〝神仙思想〟は、不老不死の仙人の実

浜辺から、紀元1061年に創建された蓬莱閣を望む

在を信じ、人が、自ら仙人となることを願ったり、仙人の行状や仙境のありさまなどを空想したりすることであった。

記録によると、始皇帝と徐福（徐市）との出会いは、紀元前二一九年、始皇二八年のことのようである。『史記』秦始皇本記によると、〝泰山で封禅の儀を行い、山東を巡り、琅邪山に至り、滞在三ヵ月、琅邪台を築き、碑を立つ。斎の国の徐福らが上書きして言う。海中に三神山あり、名付けて蓬莱、方丈、瀛州といい、仙人これに居る。始皇は徐福を東海に派遣し、仙薬を求めしむ〟と記してある。

神仙道の修行者〝方士〟として名の知れていた徐福は、始皇帝から不老不死の〝仙薬〟を捜すように命じられ、最初に徐福が出発したのが、ここ蓬莱の港であったとされている。しかし、徐福は渤海や黄海を二度にわたって航海したが、仙人にも会えず、仙薬を手にすることも出来なかった。

北宋時代の紀元一〇六一年には、海に突き出た半

蓬莱港中の漁船

蓬莱市の沖合に見える島、時々蜃気楼が見える

島のような丹崖山に、蓬莱閣が創建された。これにより東海に仙人が暮らす蓬莱山が存在するという、蓬莱山思想が一層盛り上がり、蓬莱の町を有名にした。蓬莱山思想や神仙思想は、古くから日本にも伝来していた。

玉皇頂の中にある1545メートルの山頂標識

（2）泰山

泰山のある泰安市は、山東省中部にある人口五百万余りの町。泰山は世界複合遺産にも登録されている世界的に有名な山。

古代においては、聖地泰山の標高一五四五メートルの頂上に仙人が住むと思われていた。そのため、不老長寿を願う秦の始皇帝は、天により近い頂上まで登り、仙人に会ってあやかろうとした。しかし、果たせなかったので、名の知られた方士の徐福に不老長寿の仙薬を求めるように命じたとされている。

秦の始皇帝は、泰山の地で封禅の儀式を行なった。封禅とは、皇帝が即位した時、皇帝の正統性を示す山頂での儀式で、始皇帝以後、七二人の皇帝が行なったとされている。これは、日本の天皇が即位した証として、大嘗祭を行なうことに類似している。

大嘗祭は、天皇が即位するには欠かすことの出来

泰山山頂の全景

ない、天神地祇の神々と新穀を共食する儀式のことで、稲作文化の一つである。

この泰山は、神仙思想を想起するきっかけとなり、また、始皇帝が徐福に仙薬の探捜を命ずるきっかけとなり、更に越系民族の祖霊崇拝にもかかわっているので、歴史的には大変重要な存在であった。

今では有名な観光地になっており、沢山の人が訪れている。泰山登山は、バスやロープウェイを利用すれば簡単で、一部徒歩はあるが、一日あれば往復出来る。私は御来光を見るために頂上で一泊したが、大変寒かった。

頂上近くでは、長い階段を上った所に南天門があり、門をくぐると天街である。天街にはホテル、レストラン、土産物店があり、多くの人が御来光を見る所でもある。

頂上の玉皇頂へ行く途中に、岩壁に記された、〝唐摩崖〟と呼ばれる多くの碑文がある。唐摩崖から更に階段を上がると、〝玉皇頂〟と呼ばれる泰山

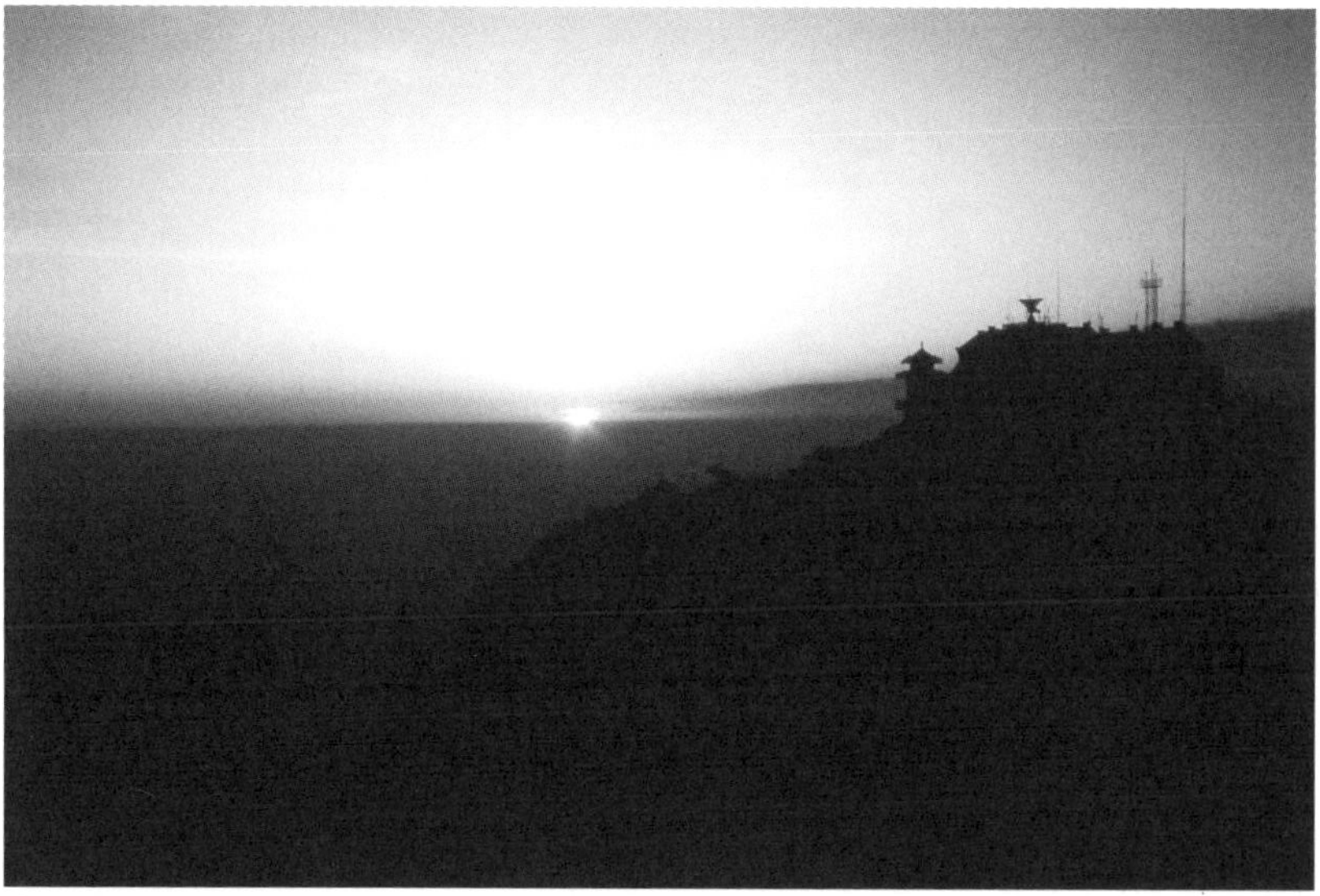

泰山頂上からの御来光

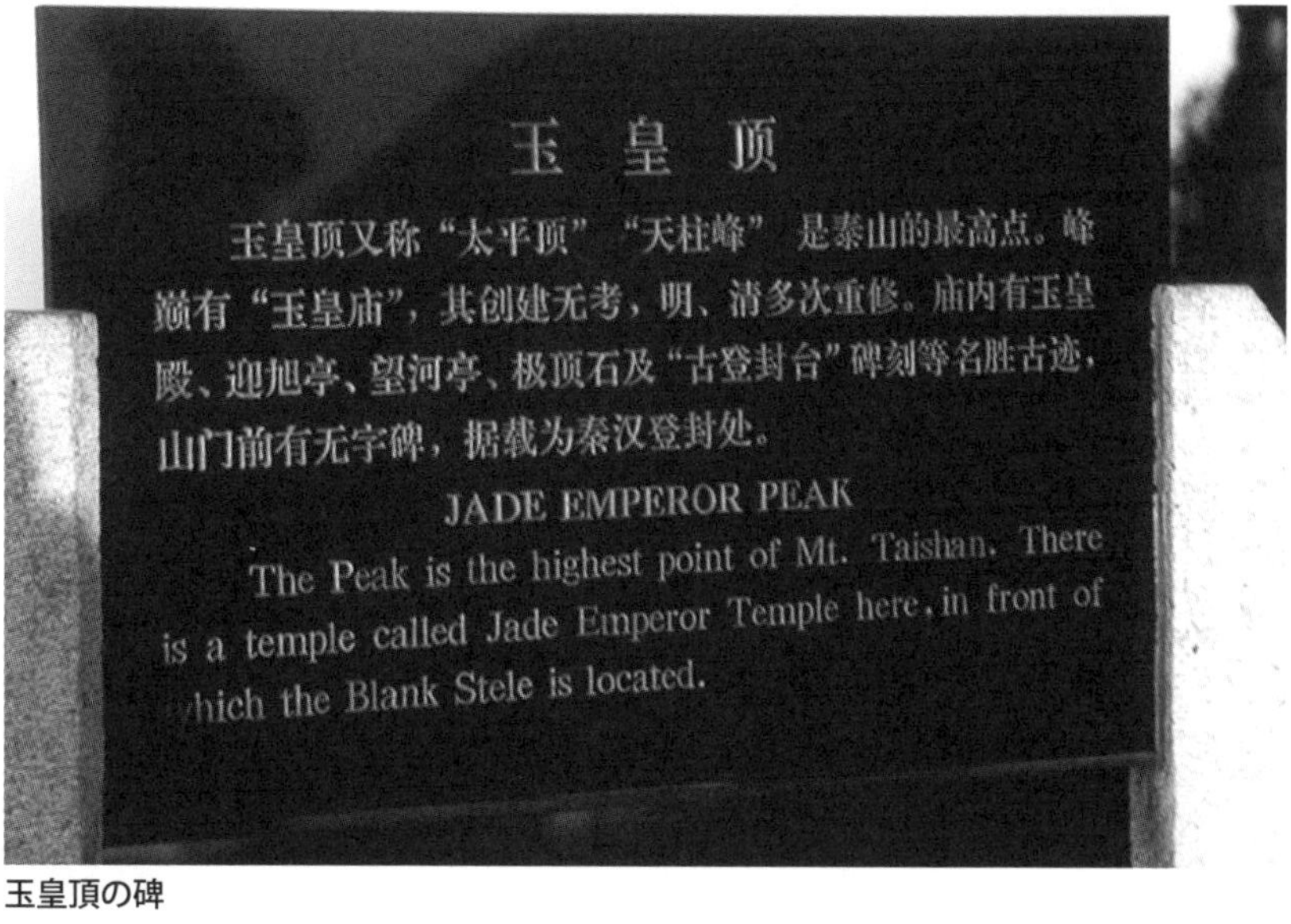

玉皇頂の碑

山頂に着く。泰山では複数の神が信仰されているが、最も位が高い神が〝玉皇大帝〟で、頂上を玉皇頂と呼んでいる。

玉皇頂から更に奇岩の間を進むと、日観峰に着く。ここには気象台があり、高い鉄塔が建ち並び、大変近代的な雰囲気で、古い建物の多い泰山のイメージからは、少々かけ離れている。

南天門を過ぎると山頂エリア

2 江蘇省

水路の上にかかる世界文化遺産の江村橋

町中のいたるところにある運河のような水路

(1) 蘇州

江南地方の蘇州は、江蘇省南東部の長江(揚子江)三角州の中心に位置し、運河に囲まれて縦横に水路が走る町。歴史は古く、春秋時代の紀元前五一四年に、呉王によって都城が築かれたのが始まりとされている。当時は呉州であったが、後の隋時代の紀元五八九年に〝蘇州〟に改名された。

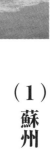

中国大陸の長い歴史の中では、それぞれの民族が戦いを繰り返し、いろいろな王国の盛衰があった。蘇州は〝呉越同舟〟で有名な呉の都として長く栄えた町だが、春秋時代に兄弟国の越に滅ぼされた後、幾多もの侵略を受け、市街は敵や夜盗の侵入を恐れてか、中近東のアラブ諸国の街並みのように、高い白壁が続き、道は迷路のようになっている。

蘇州の近辺は、長江河口近くの水田地帯で、運河が多い。すでに千年前、南は杭州から北は北京まで

蘇州近郊は長江河口の稲作地帯で、稲藁を運ぶ船

稲藁を家のように積み上げて保存する

夕方、街頭で群れをなして休む男たち

天秤棒を担いで物売りする女性

の京杭運河が開通し、今も利用されている。

蘇州は、唐代以降にはシルク産業で発展し、宋代には、自然の立地条件を生かして、農業と商業が盛んになり、北京や上海などよりも早くから栄えた町であった。

蘇州の市街は、家も人も古代からそんなに変化してはいない。煉瓦造りの家が並ぶ街頭に干した洗濯物は、赤・青・黄・紺・ピンク・白・黒・水玉模様と多彩だ。北京や上海よりも近代的ではないが、運河と柳とプラタナスの並木が美しく、落ち着いた静かな市街。

天秤棒で物を担ぎ売り、リヤカーで野菜を運び、自転車を走らせる。共同水場で水を汲み、水路に船を進め、木製の便器を洗う風景、それに、街頭に小さなテーブルを出してお茶を飲み、粥と麺とパンとザーサイと豚肉と鴨を好んで食べることは、新制中国になっても、蘇州はあまり変わることなく、越系稲作文化の名残りがある町である。

徐福村の村碑と祠

(2) 徐福村

江蘇省連雲港の贛楡県金山郷に徐福村がある。神仙道の名の知れた修行者である〝方士〟であった徐福は、紀元前三世紀頃、秦の始皇帝から不老不死の〝仙薬〟を捜すように三度も命じられた。

最初は蓬莱から出港したが仙薬を捜せなかった。二度目も駄目で、三度目の命を受け、不老長寿の仙薬を求めることは困難であることから、移住覚悟で三千人の童男童女と百工を伴い、沢山の干しナツメや稲の種子である籾を携えて、数十艘の船を従えて、山東省の青島の辺から東海の日本列島の方に向かって出発したが、帰って来なかったことで知られている人物である。しかも日本各地には五十六ヵ所もの徐福遺跡がある。中国大陸東南部に日本の民族的、文化的源流を探索する私にとっては、大変関心のある伝説であり、人物である。

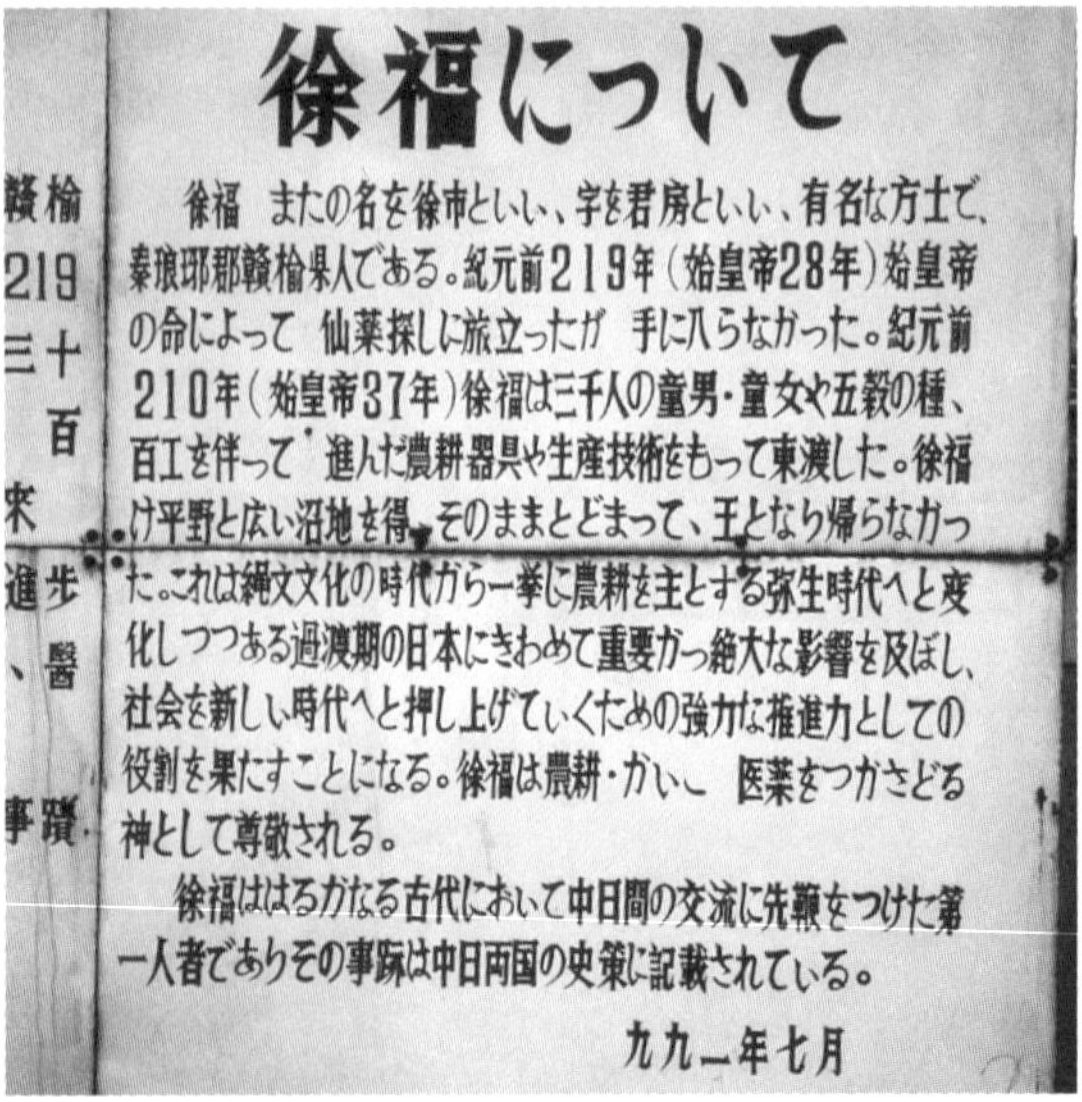
徐福について
徐福　またの名を徐市といい、字を君房といい、有名な方士で、
秦琅邪郡贛楡県人である。紀元前219年（始皇帝28年）始皇帝
の命によって　仙薬探しに旅立ったが　手に入らなかった。紀元前
210年（始皇帝37年）徐福は三千人の童男・童女や五穀の種、
百工を伴って進んだ農耕器具や生産技術をもって東渡した。徐福
は平野と広い沼地を得、そのままとどまって、王となり帰らなかっ
た。これは縄文文化の時代から一挙に農耕を主とする弥生時代へと変
化しつつある過渡期の日本にきわめて重要かつ絶大な影響を及ぼし、
社会を新しい時代へと押し上げていくための強力な推進力としての
役割を果たすことになる。徐福は農耕・かいこ　医薬をつかさどる
神として尊敬される。
徐福ははるかなる古代において中日間の交流に先鞭をつけた第
一人者でありその事跡は中日両国の史策に記載されている。
九九一年七月
徐福祠の中に掲示されている日本文

徐福は、紀元前二五五年頃、山東半島の斉国の生まれで、東渡は四五歳くらいのまだ男盛りの時。沢山の若い女性が同行しているので、子孫は多かったに違いない。

徐福村は、歴史学者など各界の考証を経て、徐福の故郷とされた所で、ここには〝徐福祠〟があり、七〇代目の子孫である徐広法さん（七五歳）が住んでいた。

私は、一九九三年十月十六日に徐福村を訪ね、徐広法さんに会い、通訳を介していろいろと話を聞いた。

徐福が東海に船出したまま戻ってこなかったので、始皇帝が徐一族を皆殺しにするという噂が立ち、四人の子のうち三人は姓を母方の葦・王・張に変えたが、一人だけ姓を変えなかった。彼はすぐに上海の昆山県、そして浙江省の臨安県へと逃げ、やがて江西省へ逃げた。子孫は長い間、江西省にいたが、明時代に九江県からこの地に戻った。それが徐広法さ

連雲港にある徐福像

んの先祖だそうだ。

この地には、西漢時代に徐福祠が出来たが、唐時代には仏教の興国寺となり、清朝時代には道教の徐福祠となった。一九六〇年代の文化大革命中に破壊されたが、一九八八年五月に〝徐福祠〟として再建された。

気の遠くなるような歴史であるが、実在した人物とその子孫の伝説である。中国大陸における単なる伝説上の人物ではなく、徐福は日本の稲作文化と大変深くかかわっていると思われる。

徐福は紀元前二一〇年頃、三千人の童男童女と百工と共に多くの乾燥ナツメと沢山の稲籾を携えて、多くの船と共に東海に渡ったとされているが、どこへ行ったのか確証はない。そこで、その後の彼の行方を推測してみた。

彼が最後に訪れたことが確認されている、舟山群島の東福山から船で東へ東へと進むと、まず、約七〇〇キロ離れた屋久島の宮之浦岳（標高一九三六

徐福祠の中に掲示されている図

メートル）が見えるはずだ。しかし、島には平地がなく住みにくい。隣の種子島は平地が多く田畑を作りやすい。徐福たちは、種子島を基地にして日本列島を北上したのではないだろうか。その根拠に、日本の各地には五十六ヵ所もの徐福遺跡があり、和歌山県には徐福の墓まであるという。それに佐賀県金立山の金立神社の祭神は徐福だとされている。

徐福の船団が半分、いや五分の一でも日本列島に着いていれば、その子孫は今では何百万にもなっている。台風や低気圧の強風に遭って、バラバラに漂着したとも考えられる。

いずれにせよ、紀元前二〇九年頃、徐福たちが日本列島に着いていたら、多くの籾を持っていたし、稲作技術や生活文化を携えていたので、日本への稲作文化伝来に大きな役割を果たしていたことになる。

不老長寿の仙薬を求めて、東海に船出した斉国人（漢人ではない）の徐福は、東シナ海文化圏の一員として、日本列島に新しい稲作文化と文明を伝えた立役者であったのかもしれない。
〝東海に　徐福来たりて　瑞穂立ち　弥生の里に　文化はぐくむ〟

日本と同じように鎌で稲刈りをする徐福村の人

籾をさび上げて風選する徐福村の村人

籾を干す徐福村の村人たち

3 安徽省

銅陵市近辺の銅鉱石

銅陵市の鉱山

(1) 銅陵

中国大陸の安徽省銅陵市は、長江下流域にある人口六十万の工業都市。しかし、一九五〇年頃までは、市の大半が葦原で、長江が増水するたびに冠水していた。

周囲の山々には金・銀・銅・鉄・硫黄などの鉱物資源が豊かなため、新制中国になって付近一帯は干拓工事がなされ、今では工業地帯になっている。

この近辺で古い青銅器が多く発掘されたことによって、町名が「銅陵」、つまり〝銅の陵《みささぎ》〟という意味で命名されたとのこと。今のところ中国大陸で最も古い銅鉱採掘の坑道遺跡があることで知られている。

私は、一九九二年十月上旬、この地で開かれた「アジア文明国際学術会議」に参加し、〝金牛洞〟と名付けられた銅鉱採掘遺跡を見学する機会を得た。

1992年10月の銅陵市の青銅文化祭

金牛洞銅鉱採掘遺跡近くの鉱山

10月初めに稲穂の脱穀をする村人

銅陵市中心部から東へ二八キロ、鳳凰山の麓の稲作農村にある銅鉱採掘坑道遺跡は、小さな丘の下にあった。多くの炭化木が出土し、銅鉱採掘のための古い坑道が露出していた。この坑道は、紀元前七七〇〜四七五年頃の春秋時代における江南地方で作られた越系民族の遺跡である。

この金牛洞の坑道遺跡から八キロ西にある「木魚山遺跡」は、三千年以上も前の、中国大陸最古の青銅器製造所跡の遺跡だとされている。

この地方で出土する青銅器は、種類が多く、最も古いものは紀元前十六世紀から十一世紀の時代とされている。

銅陵市から一五〇キロほど下流にある蕪湖市は、古くから長江下流域の米の主産地として知られた稲作地帯。江南のこの地方は、紀元前三世紀の終わり頃、漢民族が侵入してくる以前には、越の国であり、すでに稲作文化が発展して豊かになっていた。

当時すでに精霊信仰があったのか、農民の雨乞い

刈り入れの終わった田園

や豊作祈願、収穫祭などの祭祀具として、多種多様な青銅器が使われていたようだ。

それらはやがて、長江下流域の江南地方の人々と共に、稲作文化の一つとして東海の日本列島に渡ったものと思われる。例えば、島根県出雲地方の荒神谷遺跡や加茂岩倉遺跡から発掘された、沢山の銅剣や銅鐸などがそうなのかもしれない。

滋賀県野洲市の銅鐸博物館には、今から二千年も前の弥生時代の遺跡から銅鐸が二四個も出土し、銅鐸の町として知られており、日本最大の銅鐸が展示されている。

もしかすると、日本の弥生時代の銅鐸や銅鉾、銅剣などのルーツは、銅鉱石の豊かな銅陵市の辺りにあったのではないだろうか。

4 浙江省

苗床に種籾をまく畲《シェ》族の青年

余姚市の古い石橋“通済橋”

（1）稲作文化の河姆渡遺跡

浙江省の東端にある寧波の町から六〇キロ西の河谷平原に、今から七千年前の稲作文化を伝える河姆渡遺跡がある。

河姆渡は余姚市内にあり、市の文物管理委員会の同行がないと現場に行くことが出来ないので、まず八〇キロ西の余姚市を車で訪ねた。

余姚市は、日本でも江戸時代からよく知られている「知行合一」の〝陽明学〟の創始者、王陽明（一四七二‐一五二八）の生誕地である。町の中央の岩山には、彼が創立したと言われる学校が、今でも記念館として残っている。

私は、文物管理委員会の叶樹望氏の同行を得て、約二〇キロ東へ引き返した。余姚市と寧波市との間の河合平原の南側の姚江に架かる橋を渡って、水田の中を約九キロ走った姚江沿いに河姆渡遺跡はあっ

姚江南沿いの小高い丘のような「網山」

た。

姚江と呼ばれる川の南には小高い山の「網山」がある。この山には、昔網を干す場所があったそうなので、漁村か半農半漁村があったのだろう。

とすると、河谷平原の大半が数千年前までは東シナ海に続く海であったのだろう。今では、北の海岸までは五〜六〇キロも離れているが、古代にはこの辺が海岸近くであったはずだ。

河姆渡遺跡の現場は埋め戻され、姚江と用水路の間に一九八九年十二月二十八日に博物館がオープンしていた。私が最初に訪れたのは一九九〇年二月五日で、日本人では二人目であった。

遺跡の総面積は四万平方メートルにも及び、七千年前から四千年前にかけての遺物が四層をなしており、深さが四〜五メートルもあったそうだ。

説明によると、高床式の木製米倉が倒れて埋土したと思われる多量の炭化籾は、ジャポニカの籾が四割、インディカの籾が六割で、当時は両方の稲が栽

各時代の稲穂の比較

培されていたのだろう。私は、博物館に展示されている現物や複製品を撮影させてもらった。その中で、鳥の頭をデザインした器具が、何に使われていたのか分からず、叶氏に尋ねた。

「これは祭事用か儀式用に使われたもので、当時の人々は精霊信仰であったと思われる」

彼はこんな説明をしてくれたが、七千年前の稲作農耕民は、すでにかなり高度な文化を発展させていたようだ。それにしても、半世紀前の日本で使われていた日常的な器具の大半の原型がすでに出来上がっている。

鍬、鋤、漁具、紡具、矢尻、斧、土器、炊具、蒸し器、模様、笛、その他木材を上手に組み合わせる建築技術や細工物、それに家畜など、無数の出土品が当時の人々の生活を伝えている。こうした生活文化を引き継いだであろう、二千四～五百年前の越国の越人たちは、稲作文化をかなり発展させていたのだろう。

姚江沿いの村

私たち人類は、もしかするとこの数千年来、生活技術は大して変化しておらず、生活文化はかえって衰退しているのではあるまいか。ただ科学技術の発展によって、生活形態が少し変化し、楽に暮らせるようになっているだけなのかもしれない。

それにしても、七千年前には日本に近い江南地方で、すでに稲作文化が発達していた歴史的事実が証明されたということは、日本の稲作農業も、三～四千年前のかなり古くから始まっていても不思議ではない。

案内人の叶樹望氏（左端）と右端の筆者

紹興の水路沿いに建つ古い家並み

（2）紹興酒のふるさと

私は、一九九三年一月六日、浙江省東端の寧波を夕方の五時三十五分の汽車に乗って去り、紹興駅には八時に着いた。プラットホームで案内人の唐毅氏（二七歳）が迎えてくれ、すぐに紹興飯店に案内された。小柄な彼は、杭州大学で日本語を学んだそうで、なかなか上手に話す、よく気の利く男であった。

紹興は水郷地帯で、市内は水路が網の目の如く張り巡らされている水の都で橋が多い、大変古い町。

翌日は朝から小雨が降り、霞んで視界が悪かった。紹興酒で知られた紹興には醸造工場が多い。午前八時から紹興酒醸造工場を見学した。日本の造り酒屋の工場とあまり大差ないが、酒を入れる樽やガラス瓶はなく、陶磁器の瓶が沢山あるのが目立っている。

紹興酒の起こりは、昔、この辺の家で娘が生まれると、酒を造って陶磁器の瓶に入れて密封し、家の

展示室の紹興酒の紹介

床下に埋めて置き、結婚する時に掘り出して祝い酒としたことによるとされている。

瓶の中の酒は、十数年もの間に陶磁器の色が染み出て飴色に染まる。だから、日本酒と同じ醸造酒だが、老酒でまろやかになり、しかも陶磁器の色や味が染み出て飴色になっているので、一種独特な味と香りのある酒になっている。

中国の酒は大きく分けると、白酒と黄酒であるが、紹興酒は黄酒に属する。糯米・酒薬、麦麹を原料とするが、アルコール含有量は日本酒とほぼ同じ一六度前後。

老酒で最も有名な紹興酒は、二千年以上も古くから、米の生産地である古代越国の首都であった紹興近辺で造られる醸造酒。酒は稲作農耕社会につきものの生活文化。

何より、紹興は大越国の首都の会稽であった町であり、越系民族の原郷であり、江南地方でも歴史が大変長くて古い町。

今や紹興酒の名は東アジア全域に知られ、特に日本や台湾では有名。そのせいか、輸出用の生産に追われ、工場は多忙とのこと。

展示室以外は秘密保持のため撮影禁止であった。醸造そのものには大した特徴はないのだが、秘密保持が多く、もったいぶっているようで、取材協力もなかったし、早めに切り上げた。

展示室に陳列された紹興酒

越王勾践の画像

（3）越王勾践の〝臥薪嘗胆〟

一九九三年一月七日は午前十時に雨が止んだ。二千五百年以上もの歴史がある紹興の町には、心が弾むような木々の茂る府山があり、その南麓には越王台と越王殿がある。越王勾践（在位紀元前四九六～四六五年）が、閲兵したと言われる、越王台に立って南を見る。大地は平坦で、家々が明るい緑の樹の間に見える。ここ紹興は〝会稽〟と呼ばれ、古代越国の首都であった。

〝呉越同舟〟で知られた春秋時代の呉と越の国は、江南地方にあり、今日の杭州湾に流れ出る銭塘江を境に向かい合っており、同族であるが故に絶えず戦っていた。北の呉の首都は現在の江蘇省蘇州に、南の越の首都である会稽は浙江省紹興にあった。越王勾践は、紀元前四九四年に呉王夫差とこの地で戦って負けた。

呉王夫差に土産を運ぶ范蠡

馬養いをする勾践

賢者たちに協力を請う勾践

勾践は范蠡たちと共に働いた

越国一の美女、西施が呉王夫差の前で踊る様子

呉王夫差に再び戦いを挑む勾践

呉王夫差は負けて自害した

越王勾践は、会稽の恥を晴らし、呉王夫差に勝った

戦いに負けた勾践の二人の大臣、文種と范蠡は、呉王夫差に沢山の土産と越国一の美女、西施を差し上げ、勾践の命乞いをした。夫差は、勾践に三年間の馬養いの使役を命じた後、追放した。

勾践は会稽に戻り、文種や范蠡と共に働き、「会稽の恥」を忘れるなとばかりに、薪の中に臥して我が身を苦しめ、苦い肝を嘗めては屈辱を思い出す。まさに〝臥薪嘗胆〟の歳月を二十年間過ごし、徐々に国力を高めた。そして、勾践は再び夫差に戦いを挑み、紀元前四七三年に夫差を大敗させ、呉を滅亡させた。

越は、その後江南地方全土を支配する大越国となり、越系民族の祖となる。しかし、紀元前三三四年には西の大国である楚によって滅ぼされた。そして、越国の多くの民は南へ逃げ、後に〝百越〟と呼ばれるほど多くの国々を興す。中には江南地方の山奥に逃げた人々や東の舟山群島に逃げた人々もいただろう。古代では舟山群島は東越と呼ばれていた。

勾践は、江南地方を配下にした大越国の王となる

　こうした戦いの同じ頃の出来事として、日本への稲作文化の渡来がある。渡来の中心時代は紀元前四〇〇年前後とされているので、呉の国が滅びてから越の国が滅びる約百五十年の間に照応する時期である。古代の大陸の戦いは、敗者の男たちを皆殺しにしがちであったので、多くの人や物を玉突き状に動かしたり、長距離の危険な移住や移動を促したりした。

　越は銭塘江から東にあった国で、この紹興を中心とする余姚、寧波など、中国大陸で日本に近い江南地方の国であった。当時でも江南地方から東シナ海の舟山群島を経て、日本列島への集団移住は可能であったと思われる。

　なお、紹興には、中国大陸における古代の治水の英雄〝大禹《だいう》〟の陵もある。約四千年前の夏《か》の時代における治水の英雄であった〝禹《う》〟は、江南地方の諸侯を会稽に集めて治水工事の大会議を行なった。そして、ここで没し、その遺体は会稽山に葬られたとされている。

稲作農耕にとっては、治水こそ事の始まりなのである。

禹から始まった平地での灌漑用水による治水作業によって、水田稲作農業の大規模栽培が可能になり、村国家や大規模村落が始まったとされている。

越王殿

中国大陸古代の治水の英雄大禹陵の前に立つ筆者

浙江省景寧畲《シェ》族の田植え

(4) 畲《シェ》族 I

私は、古くからの知人である、江西省社会科学院の陳文華研究員に紹介された、浙江省博物館の汪済英副館長に会い、稲作文化発祥の地についていろいろ話し合った。

「浙江省の山の中に〝先祖は犬〟という民族がいます。彼らは昔からの稲作農耕民で、今でも山間部で水稲栽培をしている。彼らは〝畲族《シェ》〟と呼ばれているのだが、稲作文化の発祥地を探索しているのなら、是非彼らの村を訪ねなさい」

私が畲《シェ》族という、古来の土着民族について聞いたのは、これが二度目であった。最初は一九八二年九月に、内蒙古のフフホトで開催された「第一回全国少数民族伝統体育運動会」に参加していた時であった。その時には何も知らなかったが、彼に、畲《シェ》族の居住地を聞いたのが、土着の越系民族である畲《シェ》族の

谷間の后降村

村々を訪ねるきっかけになった。

一九九一年四月三十日、私は東京から上海経由で浙江省の温州に飛んだ。浙江省南部は山が多く、平地は少ない。飛行場には温州旅行社の尤《ユー》良泛氏（二九歳）が迎えに来ていたので、彼の案内ですぐにホテルに向かった。

翌日の五月一日、車をチャーターして、尤さんの案内で温州から景寧に向かった。約二四〇キロの山間の道を走り、午後六時に景寧の町に着き、人民政府招待所に泊まることにした。夕食に出た料理で大変珍しいものがあった。中国語で〝赤子魚〟と書く〝ワーワーユ〟のスープ。現物を見せてもらうと、日本では天然記念物の大山椒魚であった。

翌五月二日は晴れていた。景寧県の人口は十七万人。この頃の町では漢民族との混血が多くなっているが、山間部にはまだ純粋な畲《シェ》族が多いので、数少ない畲《シェ》族自治県である。

午前十時から、私たちは五キロ離れた畲《シェ》族の后降

餅を黒ゴマでまぶす藍明花さん

お櫃より茶碗に飯を盛る、畲《シェ》族語通訳の雷振余さん

村を訪れた。景寧畲《シェ》族自治県人民政府から民族事務員会主任の雷振余氏（四三歳）が、現地語と漢語の通訳兼案内人として同行した。

村では村長の雷茂龍氏（四三歳）の家に泊めてもらうことになった。雷氏は奥さんの藍明花さん（三八歳）との二人暮らし。一人息子の雷栄宋君（一八歳）は町に出て家にはいなかった。

谷間の棚田の中にある后降村は、六〇家族二九八人が住んでいる。村に入ってまず最初に困ったことは、地図の村名の呼称が違うこと。それに名前が畲《シェ》族語読みと漢語読みの違い。あらゆるものに呼び名が二通りあるので、どっちにするか迷ったが、畲《シェ》族語読みにすることを、通訳の尤さんに伝えた。

例えば、畲《シェ》族の人々がいう后降村は漢語では周湖村である。后降村の畲《シェ》族語読みは〝ロイメオルン〟であるが、漢語読みは〝レイモーリュウ〟。この漢語というのは、共通語の北京漢語ではなく、温州漢語なのである。〝畲〟の発音は一般的漢語では、

村長の家での食事

雷茂龍さん、藍明花さん夫婦

藍明花さんの台所

〝シェー〟なのだが、現地語では〝シェ〟と短く発音する。〝シャ〟や〝シュ〟とも聞こえるのだが、ここでは漢語とも類似するので〝シェ〟とする。畲《シェ》族の人々は自称〝山哈《ハ》〟または〝畲哈《シェハ》〟と呼んでいる。雷振余氏によると〝畲《シェ》族〟は漢民族の一方的呼称だという。

　畲《シェ》族は漢民族からもともと〝苗《ミャオ》族〟とされていた。近年になって苗《ミャオ》族とは多少違うということで〝畲《シェ》民〟と呼ばれることになった。これは、彼らが春先に山から町によくやって来たからである。

　漢民族は、春先のことを〝入社〟と呼ぶ。〝入社の頃にやってくる人々〟という意味で、社の字に畲を当てて〝畲《シェ》民〟と呼ぶようになった。しかし、畲《シェ》民は蔑視的呼称であったので、一九五四年に〝畲《シェ》族〟とされたのだそうだ。

　畲は、田の上に建てられている家を意味する漢字で、苗と同じく、漢民族から見た水田稲作農耕民の名称である。村人の中には、畲《シェ》族は苗《ミャオ》族と同系民族

村長の家に集まってくれた村人たちと筆者

横から見た女性の頭飾り

だと主張する人がいた。

苗床の成長した苗を採る男たち

(5) 畲《シエ》族Ⅱ

翌五月三日の昼前、后降村村長雷さんの家の前の田圃に作られた苗床に、竹かごに入れた種籾を蒔いている人がいた。すぐ近くに苗を採ったり田植えをしている人々もいた。四~五人が並んで植えているのに、苗はほぼ直線になって、前後左右一定間隔になっている。半世紀前には日本でもよく見かけた風景である。

農具である鍬は、日本のものとほぼ同じ。扁平なさらえ鍬は田の畦作り用。厚い板状の唐鍬は固い土の掘り起こし用。熊手鍬（三つ鍬）は水田耕作用。熊手鍬の爪は普通三本だが、ここは四本ある。日本では、四本爪の鍬は、弥生前期のもので、大変古い型とされている。

村には棕櫚《シュロ》の木があり、竹林や雑木林があって、ヨモギやオオバコ、茅などが生えており、棚田と黒

田植えする女性たち

い瓦屋根の家が織りなす風景は、日本の田舎のようである。

この辺では稲と菜種や豆類の二毛作で、今、菜種や豆の収穫を終えようとしている。水稲はたいてい四〜五月に田植えをし、七〜八月に収穫する。

畲《シェ》族は、一九八二年の統計によると、総人口六十八万人とされている。畲《シェ》族の分布は、浙江、福建、江西、安徽などの江南地方の広範囲にわたっている。江南地方の越系民族との混血漢民族が多くなった中で、今も頑なに越系稲作文化を保ち続けているのは、浙江省や福建省の山間の僻地に住む畲《シェ》族だけであるという。

畲《シェ》族には、雷、藍、鐘、盤の四姓しかない。景寧県には雷、藍、鐘の三姓の人々が住んでいる。杭州近くや江西省、海南省には盤姓がいるそうだ。

私は、畲《シェ》族の村を訪ねて以来気にしていた「先祖は犬」の伝説を確かめた。

「畲《シェ》族は、昔から侵入してきた漢民族とよく戦った。

牛に農具を引かせて、田面をならす農夫

そのため、漢人たちが『畲族《シェ》は野蛮人で戦争好きな民族なので先祖は犬に違いない』という蔑視的な意味で、勝手に『畲族《シェ》の先祖は犬』という伝説を作り上げたのです」

通訳兼案内人の雷振余氏が、畲族《シェ》を代表して説明してくれた。

しかし、後の〝越系民族の花山岩画〟で説明するが、越系民族にとって犬は特別な動物で、死後の世界において、死者の霊は犬に導かれるとされている。「先祖は龍」という畲族《シェ》独自の伝説や口承文化から、畲族《シェ》は、日本と同じような龍蛇信仰のある、越系稲作農耕文化の流れを汲む人々であることは間違いないだろう。その龍に代用される蛇を象徴した文字、「閩」が使われているのが〝閩越〟なのである。閩越については、後で説明する。私は二泊三日の滞在中に近在の暮坪湖村と大張杭村の畲族《シェ》をも訪ねた。

畲族《シェ》の言葉には日本語と類似する発音が多い。例えば、死《シー》、結婚《ケッホーン》、離婚《リーホーン》、箸《バンジー》、碗《ワン》、漬物《ツィコン》、米《コーイ》、焼酎《シェオチュー》、

畲《シェ》族の子どもたち

菜種の実を脱粒する農夫

田《ターン》、数詞は、一《イ》、二《ニー》、三《サン》、四《シー》で、十《シュ》、二十《ニーシュ》、三十《サンシュー》、四十《シーシュー》である。

景寧県で一番早く田植えができる藍香藍さん

筍、十薬の根、つわぶき、みょうが、きくらげ、タニシ、カエル、鯉、鶏など、すべて自家製のもので、まるで薬膳料理。村には80歳以上の長寿者が多かった

5 舟山群島

舟山の排水溝の壁面から掘り出した土器片

泗礁山の中心地、菜園鎮

（1）日本に一番近い花鳥山

東シナ海に散在する、古代において東越と呼ばれていた舟山群島は、千三百もの島々からなっているが、人の住んでいる島は百にも満たない。全人口百数十万人と言われる舟山群島は、日本に最も近い新制中国であり、戦前には日本人も住んでいた地域でもある。

古来、中国では、あまり大きくない島は、海から突出した山という意味で、〝島〟の代わりに〝山〟が付く。そのため舟山群島の島々の名称も泗礁山、花鳥山、岱山、舟山、普陀山、東福山などになっている。

舟山群島の中でも日本に一番近い人の住んでいる島は花鳥山。どんな所なのか戦後は情報、資料とも手に入らないので分からない。とにかく、北京政府から舟山群島の入域許可が取れたので、日本に一番

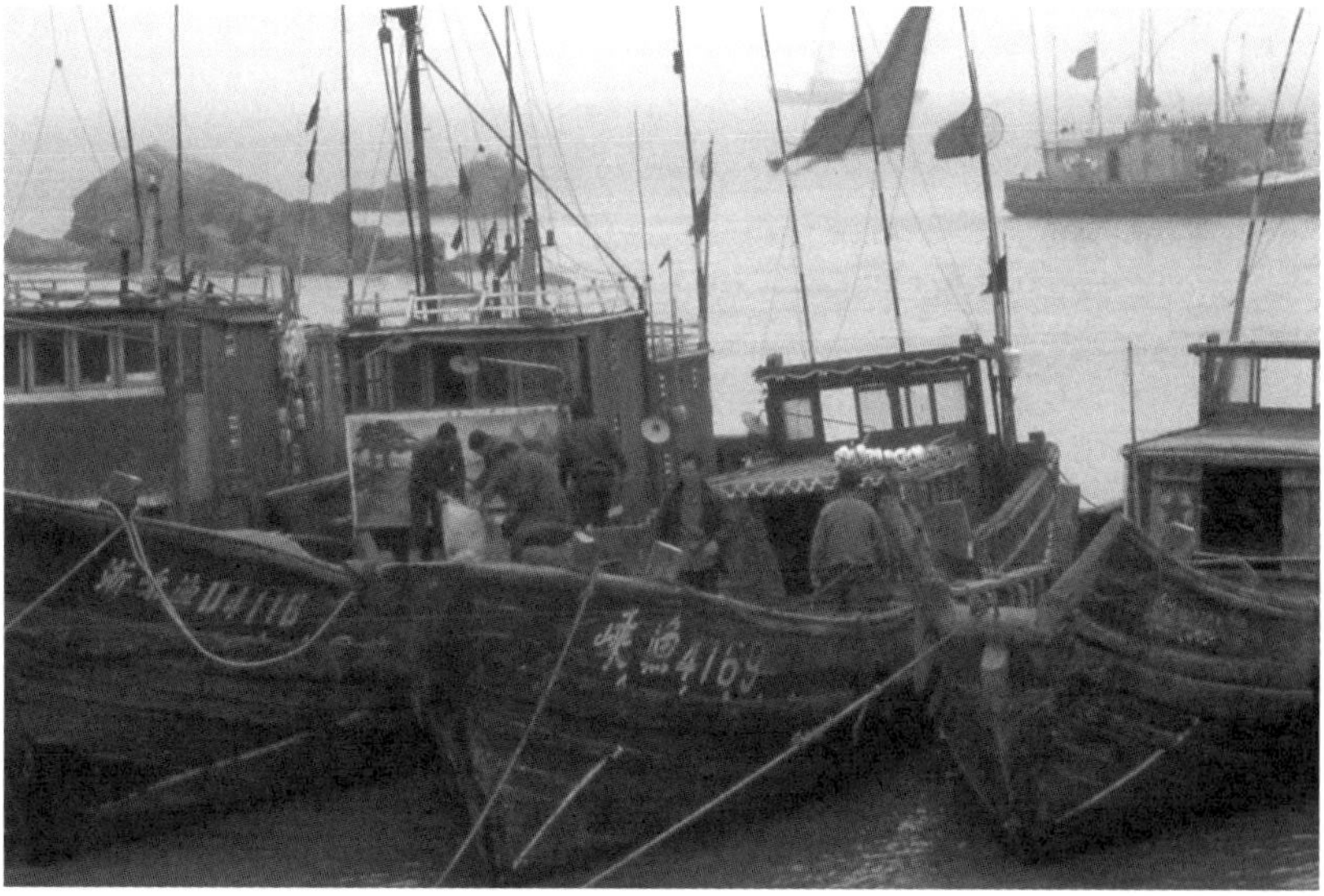

この中の一艘の船長がやっと同意してくれた

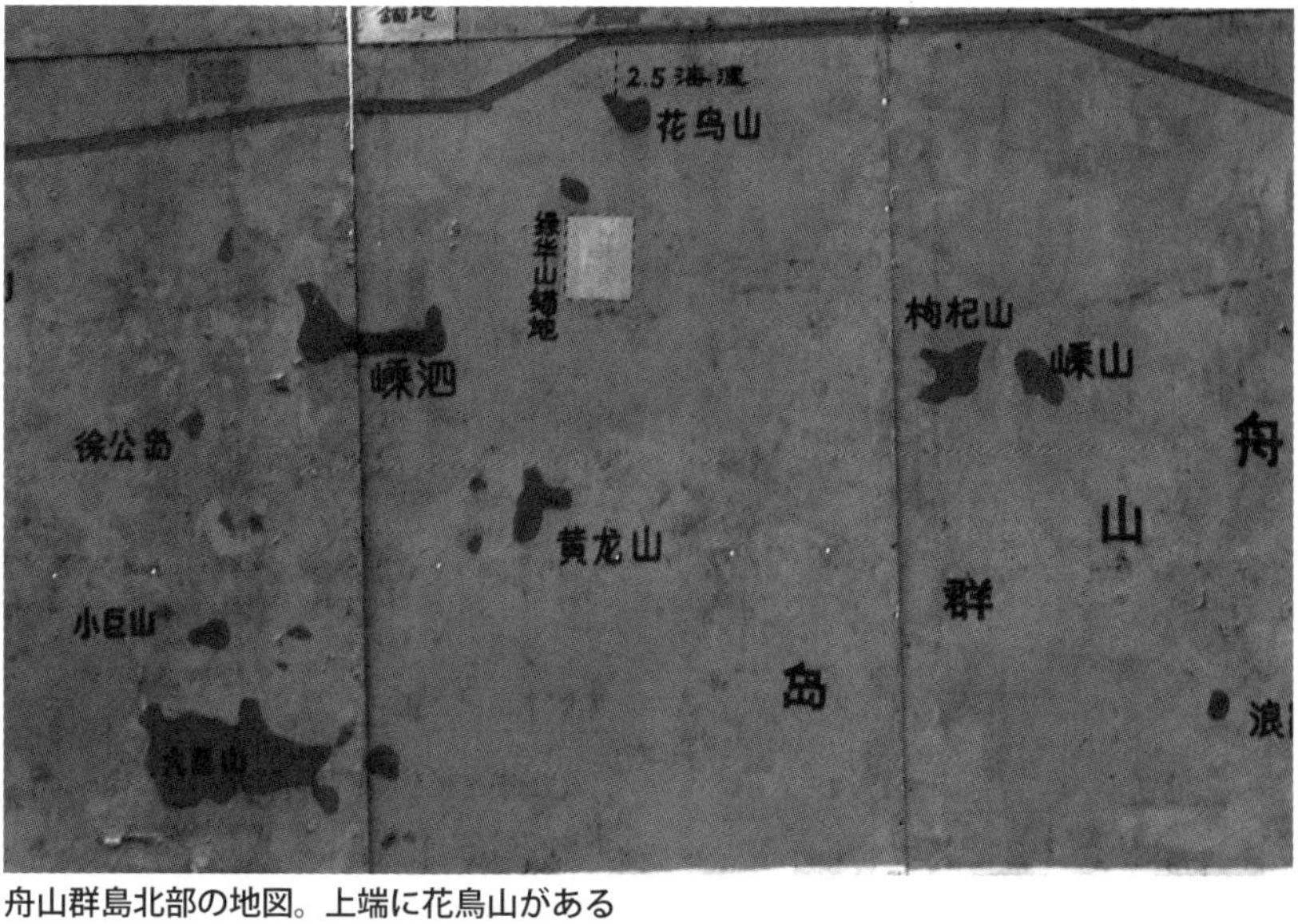

舟山群島北部の地図。上端に花鳥山がある

花鳥山は山ばかりで平地がない

近い島へ行って見るだけでよいから行ってみることにした。

私は一九九二年十二月二十六日、上海から舟山群島の泗礁山に渡った。そして、十二月二十八日早朝、泗礁山にある青沙村を訪ねた。この漁村には一〇トンから二〇トンくらいの木造船が沢山集まっていた。しかし、低気圧のため海が少々荒れていることもあって、漁民がなかなか船を出してくれない。北京からやって来た通訳兼案内人の姜娜女史が頑張ってくれて、九時頃になってやっと二〇トンほどのエンジン付き木造船の船長が同意してくれた。

港を出ると、二~三メートルの波で、船は前後左右に激しく揺れた。わずか三〇キロの距離なので普通なら一時間余りで着くのだが、なんと二時間十分もかかって花鳥山の南突端にやっと着いた。

無線で連絡してあったので、島の兪優忠氏（四一歳）が車で迎えに来てくれた。村は島の北東にある、やや低くなった尾根に広がっていた。

低い尾根に広がる町から海岸に降りる階段

花鳥山の露店市

島北西部の港

島西北の海岸にある冷凍工場

面積三・二平方キロの島には平地はなく、山ばかりで砂浜もない。島には八二五戸の家があり二八八〇人が住んでいる。このうち漁民は七五一戸で二七三七人。

島民の大半は、二百年程前に浙江省の寧波近辺から移住してきた越系民族で、寧波とほぼ同じ言葉を話す。

昔は島に水稲用の棚田があったそうだが、今では畑はあるが田圃はなく、稲を栽培している人は誰もいない。しかし、主食は米である。

島の北西の港には近代的な設備を持った水産加工冷凍工場があった。車の通れる道は尾根に一本あるだけで、冷凍工場へは階段を歩いて下る。

島近辺では三～五月にはマナガツオ、五～七月にはイカ、八～十月にはカニが沢山水揚げされ、エビは一年中取れる。そのほとんどがこの工場で冷凍され、一昼夜のうちに船で長崎に運ばれる。だから、新制中国の僻地であるにもかかわらず、この島の労

カニを中心に海産物料理が盛られたテーブル

働者一人当たりの年収は一万元（約一三万円）で、平均的には国内で一番高い。何より、ここで採れた魚介類の多くが長崎に運ばれ、日本人の胃袋の中に入っている。

この冷凍工場は日本の会社の援助で造られたとのことで、大変近代的な施設である。私たちは大歓迎され、工場での昼食では魚、カニ、エビ、貝などの海鮮料理を中心に山のように盛られた皿が何皿も出された。

日本に一番近い島の人々は、長崎から多くの物資を得て、比較的豊かな文明的生活をしている。この島は、日本の経済圏の中にすっぽり入っている。

日本人からすると海の向こうの花鳥山は遠いのだが、大陸系の花鳥山の人々からすると、大陸の大河に慣れているので、東シナ海は大きな川でしかなく、案外近くに感じている。

紀元前の越国時代にも、すでに東海に大きな島があることは知られていたので、この舟山群島から日

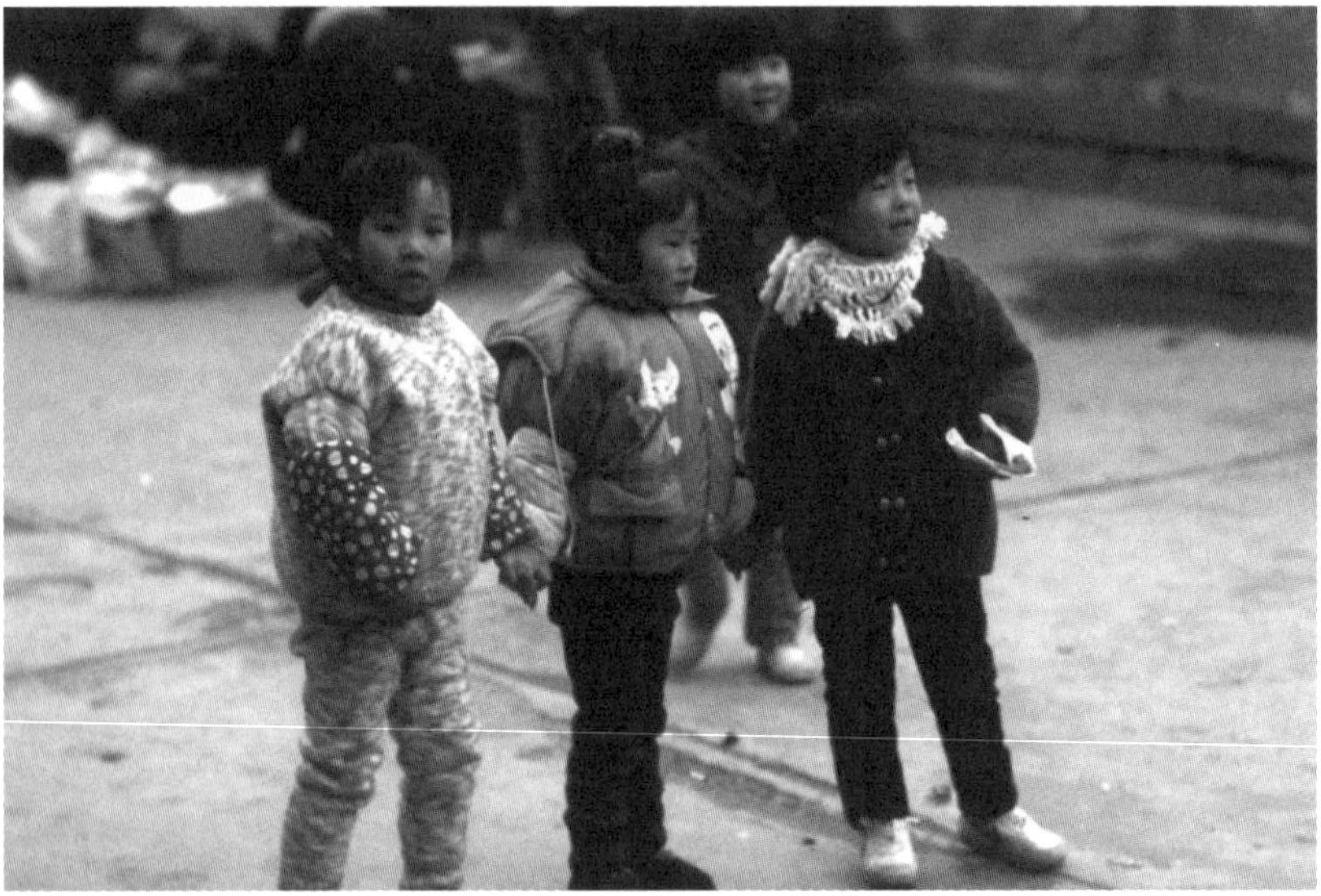

他の地方よりも良い衣服を身につけた子どもたち

本列島へ渡るのは、現代の日本人が考えるよりもはるかに安易に考えられていたのだろう。

島の人々が話す「長崎」は直線距離にして六八〇キロ。しかし、島民たちによると目と鼻の先なのだ。彼らにとっては二〇〇キロ先の上海よりも近く、しかも大事な町である。長崎の人々は花鳥山を知らなくても、この島の人々は子どもから大人までが長崎の地名をよく知っている。花鳥山は何だか日本の離島の漁村のような雰囲気でもある。

東シナ海は主に、中国大陸を横断する長江によって運ばれる、プランクトンの栄養源であるフルボ酸鉄によって養われている。途中に長江ダムが完成して、長江の流れが弱くなり、プランクトンが減少して東シナ海が衰退すると、海産物が減少するので、東シナ海に面した中国人民、特に舟山群島北部の嵊泗県、中でもこの花鳥山の人々が最も困る。いや、この海の海産物を最も多く口にしている日本人が困るのである。そのことが、この島に来てより一層明

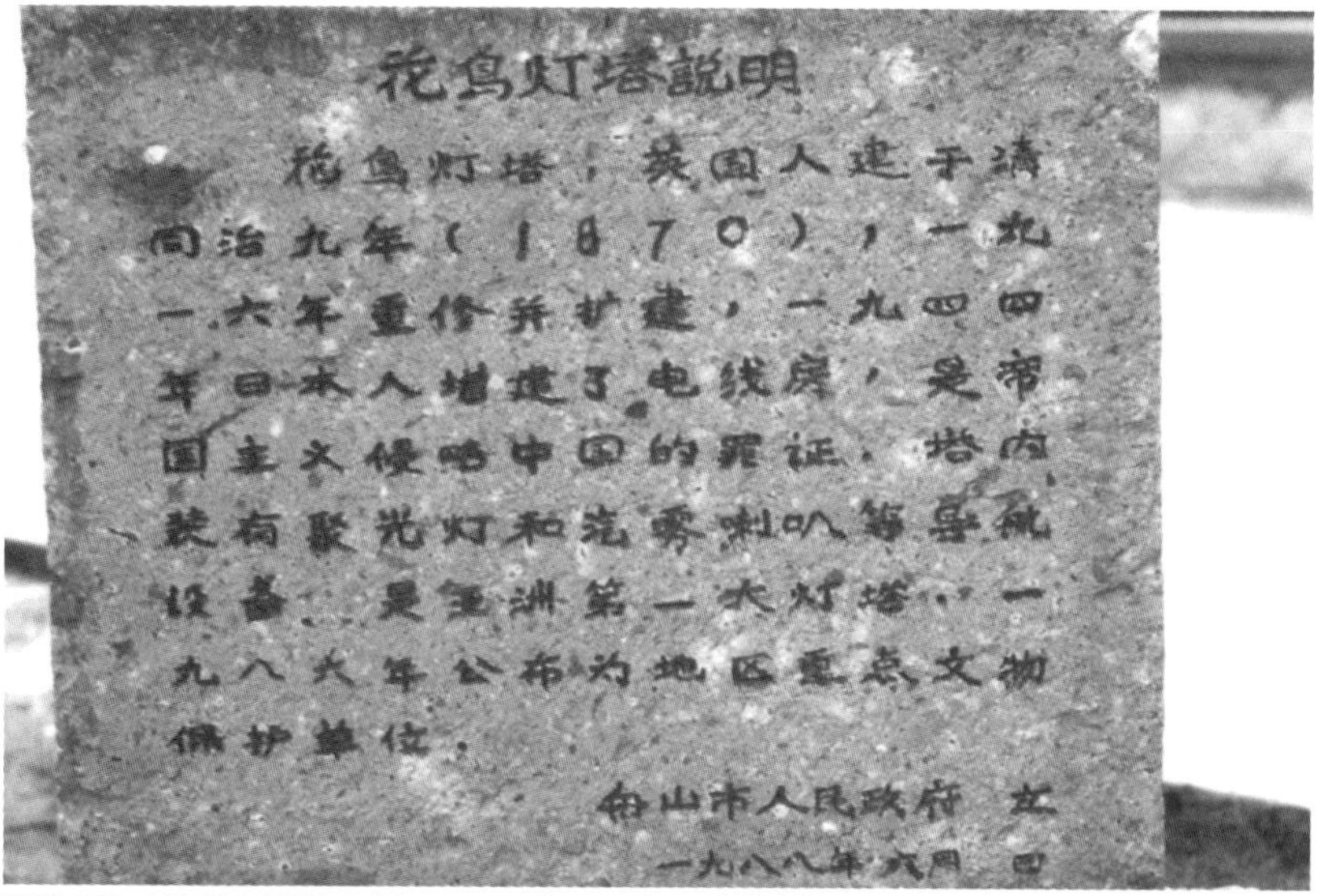

花鳥灯台の簡単な説明の中に、1944年に日本人が増改築したことが記されている

1870年にイギリス人が建造し、1944年に日本人が増改築した花鳥灯台前の筆者

白になった。

町中を見て回った後、戦時中に日本人が修復したという島の南西端にある古い灯台を見て、午後四時前に村を出て泗礁山に戻った。

ホテルの窓から見た高寧鎮の海岸通り

（2）徐福の岱山

上海―舟山の定期便は、途中泗礁山と衢山に寄港するが、岱山には寄らない。私は、一九九二年十二月三十日、泗礁から舟山の定海まで約一三〇キロの船旅をした。低気圧が通過した後で、快晴で風もなく、海は静かだった。

唐時代の遣唐使船は、この舟山群島を南下して寧波に向かっている。昔の日本人は、九州南端からの航海で、海の色が青から黄土色に変わると、舟山群島に着いたことを知ってホッとしたという。

午後一時に定海に着いた。迎えに来た車で北の西碼に向かい、すぐに岱山の高寧鎮行のフェリーに車ごと乗り込んだ。約四十分で着いた埠頭で案内人の胡徳氏（四三歳）が迎えてくれた。

岱山本島の人口は約十二万で、中心地の高寧鎮の町には五万人が住んでいるそうだ。私たちは町の中

磨星山中腹にある慈雲庵

心地にある〝岱山飯店〟に着き、遅い昼食を取った。その後、島の案内人が三人もやって来た。

　岱山地方史の専門家で、六〇歳の林通璵氏が、〝岱山〟の由来について説明してくれた。

「徐福は、秦の始皇帝の『仙薬』探捜の三回目の命を受けて、三千人の童男童女と共に船で山東省を出発して東南へ向かって航海した。徐福は『史記』秦始皇本記によると、紀元前二一〇年十月二十九日に青島の胶州湾から出発したことになっているが、九日目に嵐に遭遇し、近くに山が見えたので上陸した。それがここ岱山であった。標高二五七メートルの磨星山に登ってみると、周囲に雲が湧き上がり、一面にたなびいて、まさしく仙人が住んでいる蓬莱仙島に違いないと思った。しかし、実際には仙人は住んでいなかったが、徐福には磨星山が非常に高く聳えて見えた。『まるで泰山のような山だ』。徐福は山東省の泰山を想い重ねて言った。徐福の言葉から磨星山は泰山と呼ばれるようになった。その後、この辺

磨星山から東を見る

の人々はこの島全体を〝泰山〟と呼ぶようになった。しかし、山東省の泰山に遠慮して次第に〝岱山〟の字を当てて呼ぶようになり、いつしか岱山という地名になった」。林氏は自信ありげに説明してくれた。

「徐福が来たのは春だったのでしょう。春には海から水蒸気が昇り、雲が沸き上がって磨星山にかかり、まさしく仙人が住んでいるような所に思えます。しかし、仙人はいなかったので、彼はこの島に千人の童男童女と食料のナツメを残して、更に東に向かい、東福山に着いたのです。その後の記録はありません。たぶん東の日本に渡ったと思われています」。林氏は得意げな表情で言った。

私は、日本の稲作文化に大小のかかわりがあったと思われる徐福の足取りが、青島からここ岱山までは確認出来た。

私たちは、林氏たちの案内で磨星山中腹にある岱山十景の一つの慈恵庵を訪れた。徐福がこの地に立って東を見たという所から東の衛山を見る。そし

岱山飯店での遅い昼食の料理

て、高寧鎮の町を見下ろした。高寧の前の岱山水道は、水深が一〇～一二メートルあり、昔から船の航路になっていて、徐福の一行もしばらく停泊していたという。日本からの遣唐使船もここを通ったとされている。

舟山地方の人々は、徐福について東福山以後のことは知らなかったが、『史記』准南衡山列伝にはこう記されている。

『始皇帝は童男童女三千人を遣り、五穀の種子と百工を携えて行かせたが、徐福は平原広沢を得て、王となって帰らなかった』

徐福は二度と戻っては来なかったというが、東福山から東へ東へと進むと、屋久島にある標高一九三六メートルの宮之浦岳が見えるはずだ。その隣には種子島がある。もしかすると、山ばかりの屋久島より、平地の多い種子島を拠点にして日本列島を北上したのかもしれない。

ともかく、徐福が山東省の青島辺りから出港して、岱山まで来たことが確認出来たことは、彼の日本への航路を知る上で大変重要なことだ。

岱山西側にあった徐福廟は、文革時代に破壊されて今は小屋があるだけ

白線十字路稲作文化遺跡の中の南に向いた排水溝

（3）舟山の古代稲作遺跡

私は、一九九三年一月三日の午後三時、普陀山から舟山の定海に渡った。宿泊先の華僑飯店では、以前にも会っている博物館長の陳金氏（五七歳）、民話研究者の方長生氏（六四歳）、それに舟山市文連秘書長の応光照氏（五二歳）の三人が待っていた。

通訳は、私と共に旅をしている姜娜女史と石建新氏（三五歳）の二人。地方弁の通訳である石氏は、私の知人で聖徳太子の研究家であり、日本の古代文献学に詳しい杭州大学の王勇教授の教え子だった。

新制中国では、一九六四～一九六五年にかけて全土で歴史調査がなされた。その時、舟山では三方を緩い丘のような山に囲まれた水田地帯で、〝白線十字路稲作文化遺跡〟と名付けられた遺跡が発見された。

そこでは、沢山の陶器片や石斧、石鍬などが発掘

白線鎮の村人

されたが、あまり重要視されず、排水溝以外の所は埋め戻され、もとの水田と化していた。その後、ここで発掘された陶片から炭化籾が発見され、炭素14で調べたところ、約五千年前の籾と判定された。

東越の中心地舟山では、五千年前に稲が栽培されていたことが判明し、浙江省の多くの学者や研究者が注目するようになった。そして、次々に稲作文化遺跡が発見された。

白泉鎮のやや西の海岸の馬香にある〝唐家墩文化遺跡〟が四千年前、石礁の〝河螬墩文化遺跡〟も四千年前、白泉鎮の少し南にある〝苦竹嶺文化遺跡〟が三千年前。そして、北隣の岱山でも三〜四千年前の遺跡が発見されていた。

舟山群島から九州西岸へは帆船では一昼夜で到達することが、戦時中、日本人によって証明されている。これは、舟山群島から日本へ稲作文化が伝播しやすかったことを窺わせる要素といえる。

私は、応氏の案内で現場の水田地帯を歩いた。そ

馬香の唐家墩文化遺跡の現場

して、排水溝の断面に遺跡の地層が露出しているのを発見した。小さな金具で一〇個以上の陶片を掘り取った。その一つの陶片に穴があり、米粒のようなものが中に入っていた。

「間違いなく壺に付着していた米粒なのでしょう」

応氏はあっさりと言い放って、日本でなら大ニュースになる出土品をごくあっさり見捨ててしまったので、なんともったいないことかと文句を言った。

「馬香の唐家墩遺跡にはもっと沢山の陶片があります」

応氏は笑いながら言った。その彼が、白線鎮で昼食を取った後、馬香に案内してくれた。

海岸との間に長く土手を築いている。その近辺に多くの貝や土器片が散在している。レンガ焼用の粘土を採るために表土を取り除いている所には、無数と表現してもよいほどの黒褐色や褐色、灰褐色などの陶器のかけらが散在している。これらは歴史的に

唐家墩文化遺跡で土器片を掘る応氏

白泉鎮文化遺跡近くで座っていた農夫

価値のあるものだが、まるで石ころと同じだ。

「中国には四～五千年前の遺跡がいっぱいありますが、保存する費用がないのです」

彼は冷ややかに言った。

応氏や方氏は、沢山の土器片を拾い集めた。私も大きくて良いものを一〇個ほど拾った。五千年も四千年も前の稲作文化遺跡が、こんなふうに野ざらしになっていることは、歴史的、学術的にも良いことではない。

もしかすると、舟山のこれらの遺跡こそが、河姆渡文化や良渚文化遺跡のある江南地方の稲作文化と日本列島、特に九州の板付や吉野ヶ里などの稲作文化遺跡とを結びつける鍵なのではあるまいか。

日本では各地でいろいろな遺跡が発掘され、稲作の歴史がどんどん古くなっている。はっきりしたことは言えないが、舟山群島から人々が稲（籾）を携えて日本列島へ渡ったという歴史が、五千年前にあったとしても不思議ではないだろう。そんな思い

白泉鎮の排水溝の壁面から土器片を掘り出す筆者

唐家墩の遺跡の中で草をはむ牛と農夫。後ろに見える建物は煉瓦工場

左端：王勇教授、右端：筆者。杭州大学にて

に駆られながらホテルに戻った。

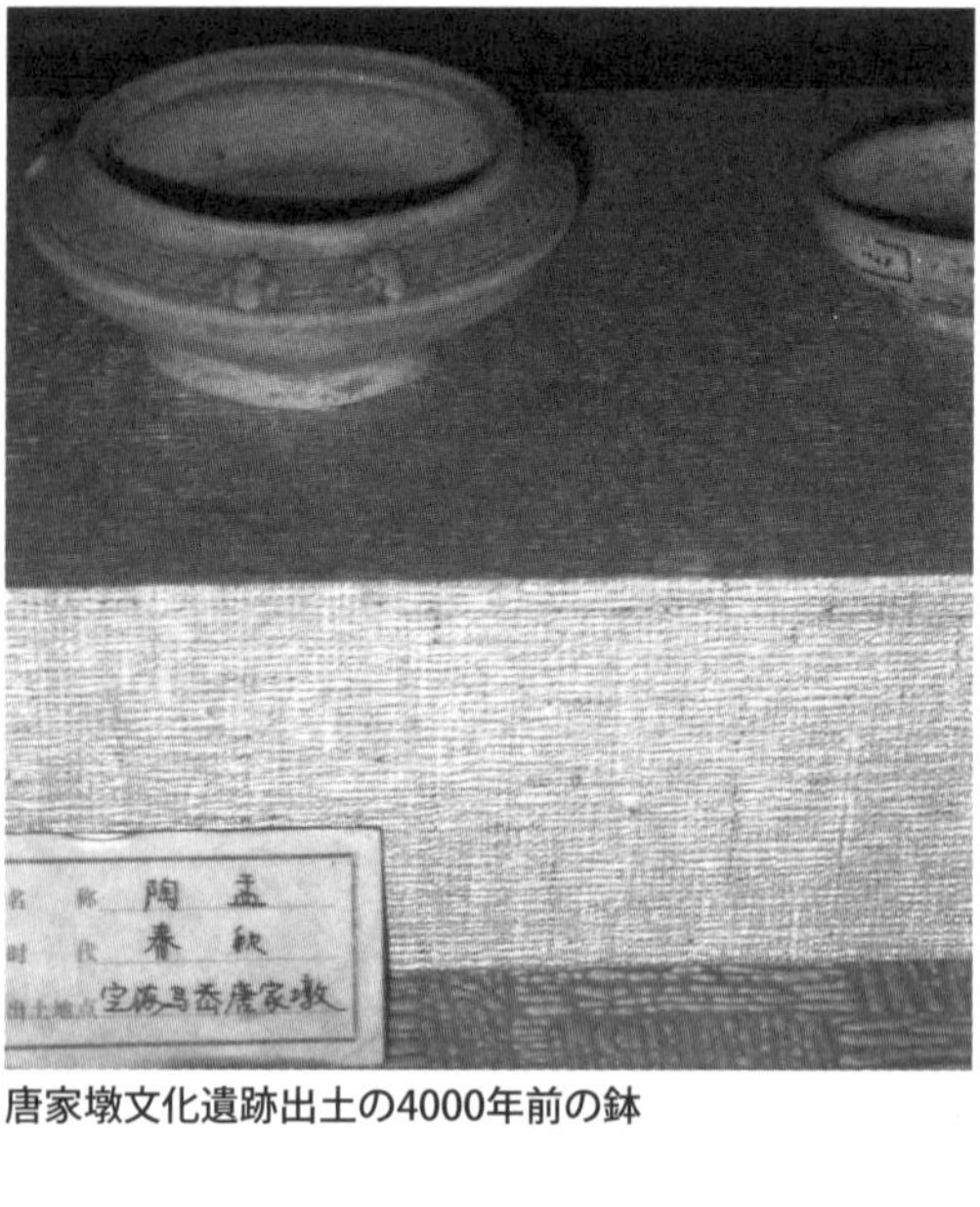

唐家墩文化遺跡出土の4000年前の鉢

6 福建省

武夷地方城村の古い石畳の通り

寧徳市

(1) 南山畲《シェ》族の稲作文化

浙江省南部の景寧畲《シェ》族の村は訪ねたが、最も畲《シェ》族の多い福建省北部の寧徳地方はまだ訪れていなかった。

一九九五年十月九日の夕方、北京から福州へ飛んだ。翌日の朝、通訳兼案内人の陳凡氏（二五歳）と、劉建輝氏（三八歳）運転の車で、一三九キロ北の寧徳へ向かった。

人口三七万人の寧徳は、畲《シェ》族の人々が多い大変古くからの港町で、唐時代には福寧府と呼ばれていた。私たちは、海岸近くの閩東大酒店に泊まった。北京を出る前に、古い友人の国家旅游局次長である何光偉氏に福建省に行く旨を伝え、協力をお願いしておいた。福建省旅游局から寧徳市旅游局に連絡があったそうで、午後六時前に、雷愛花女史（三三歳）がホテルを訪れた。そして、彼女が全責任を持って、

南山地方を案内してくれた雷愛花さん

明日から南山地方を案内すると告げてくれた。

翌十月十一日、雷さんが九時にホテルへ来て、すぐに出発した。途中、南山地方管理事務所に立ち寄って、外国人の私が、村に滞在（宿泊）出来る許可を取った。

午後一時に南山村に着いた。南山村はこの辺七ヶ村の中心的な村で、二六軒、一二〇人が住んでいる。山奥の畲《シェ》族は、まだ漢民族との混血はあまりなく、比較的純粋な越系民族の末裔である。

南山地区共産党委員会書記の雷細木氏（四九歳）の指示で、近辺の村人が呼び集められ、歓迎用に歌や踊りを披露してくれた。

南山村の人たちの歌声は非常に高く、頭のてっぺんから出るような声。彼らによると、山の民は、野鳥の鳴き声をまねるので高いのだという。それにしても、村人たちは何でもかんでも歌にする。

世界中どこに行っても歌がある。楽器は旋律を奏で、歌詞は心を表現し、リズムは感情を表現する。

南山地方を管轄する共産党の事務所

山裾にある南山村

彼らの歌の中には「田植え歌」もあった。

「四月二十二日には田植えする人がいっぱいいて、左手に苗を持ち、右手で田圃に苗を植えます。五月九日になると、すべての田に苗が植えられて、緑がいっぱいになります」

彼らの暦は旧暦（農歴）で、田植えの時と方法を歌にして伝えている。村人たちが年間の稲作労働の作業中によく歌うのは〝造田歌〟である。

南山村には平地は少ないが、山の緩やかな斜面に棚田が広がっている。旧暦四月に植えて八月に収穫するので、すでに刈り入れは終わっている。

村のすべての家が収穫・脱穀を終えた後、七ヶ村の村長が集まって、年に一度の〝ギー〟と呼ばれる祭りの日を決める。その日は、まず自分の家で新米を炊いて神座に供え、家族全員が一緒にご馳走を食べる。その後、村人たちが集まって歌ったり、踊ったりして楽しむ。これは、日本の皇室にもある、天皇が神と共に新米を食べる〝新嘗祭〟に共通する祭

南山畲《シェ》族の美女たち。彼女たちは純粋な越系民族の末裔

りである。

餅つきは、旧暦十一月一日に一度だけ行なう。三月三日は〝サンゲサン〟と呼ばれ、木の葉に包んだ飯を皆で一緒に食べ、五月五日には〝モチョン〟と呼ばれる粽を作って食べる習慣がある。

南山村では雷細木さんの家で世話になった。彼の家は木造の二階建てで、一階を増改築していたが、その部屋を一つ与えてくれた。彼の家族は、妻と七八歳の父親、子ども二人、娘の夫と孫が一人の合計七人。彼の家で昼食も夕食も、大勢の村人たちと一緒に食べた。畲《シェ》族の料理は日本人の口に合う味で、漢民族料理のように脂っこくはない。

夜遅くまで村人が集まり、焼酎を飲み、たばこを吸って、楽しげによく話す。通訳が一人なので、話題が私の好みによって制限されている。村人たちは私に何かを伝えたいのだろうが、全部は聞けなかった。

彼らは日本を知っていた。繁栄国日本のイメージ

南山村の畲《シェ》族の家

畲《シェ》族の村で食べた薬膳のような料理

私を世話してくれた雷さん一家と親族

雷さんの家の料理

南山村の神棚

棚田の稲を見る女性

が強く、私に大変な興味と関心を持ち、日本人を見たくて、話がしたくて、次から次にやって来る。彼らは私を見て笑い、驚き、「なんだ、同じ顔をしているではないか」といわんばかりに近づいて手を握ったり、話しかけたりしてくる。

私からすると、彼らは皆、日本人と同じような、稲作農耕民の顔。四十数年前の故郷の人のような人々ばかりで、なんとなく懐かしく、親しみがある。そのせいか、私もつい笑って親しく手を握ってしまう。時間が少ないので気は焦るが、酔いも回って調査や取材など出来ないまま、時が過ぎ去った。

夜もだいぶ更けて村人たちが去った十時頃から、雷さんの父親である雷華金さん（七八歳）と話すことが出来た。いつものことだが、中国大陸の少数民族の村では、五〜六〇代以上の老人がなかなか話をしてくれない。彼らは漢語を知らないし、話せない。学校で漢語を習った若い世代が、家や村の中で実権を握っている。若い世代は父母の世代の価値観を否

南山村の婦人

小川で洗濯をする女性

籾を干す農民

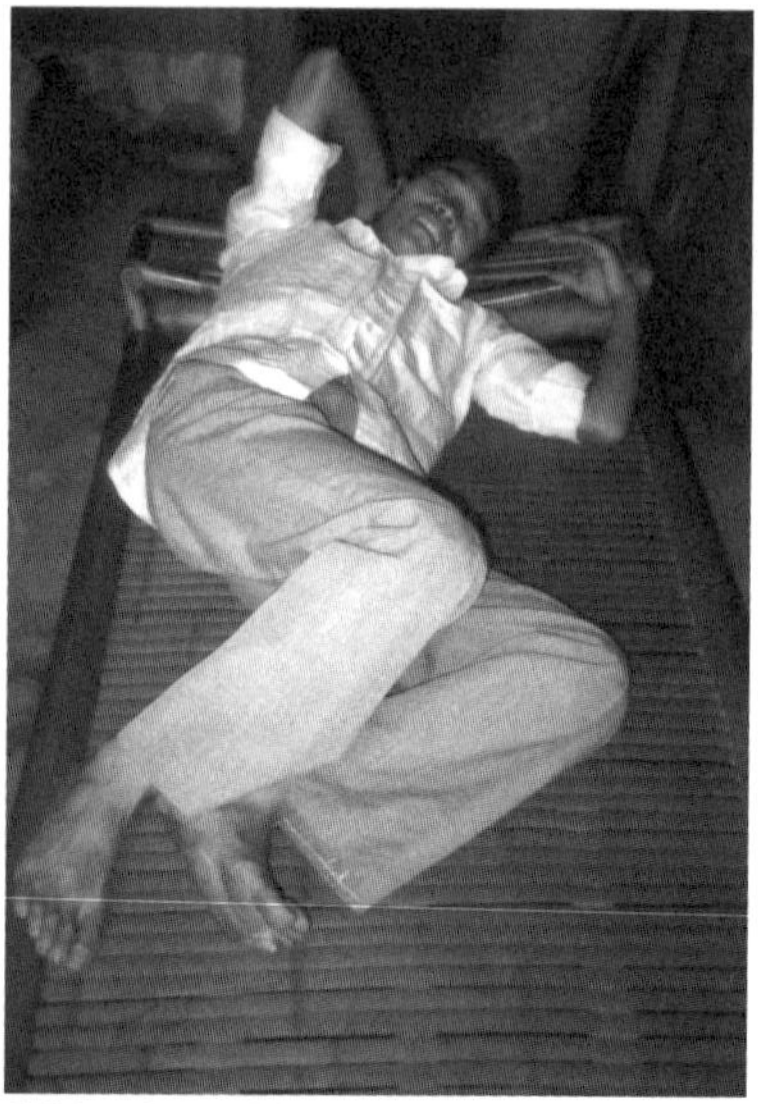

竹製の寝台に横になる男性

定し、共産党の指示に従う。そのため、よそ者が来ると老人たちに会わせないようしているし、老人たちも漢語が話せないので会いたがらない。しかし、本当は話したいのではないかと、雷華金さんとの会話から思った。

中国東南部の越系民族の村を訪ねると、老人たちは通訳や若い世代の人々がいなくなると私によく話しかけてきた。

多言語の多民族社会に長く住んできた老人たちは、日常的、体験的に言葉の通じない相手に通じるように話すことの重要性を承知している。彼らは何より自分の言葉で話すことが楽しいのである。

少数民族たちの言葉や伝統文化否定が、もう三〜四十年続いている。南山も同じであった。後十〜十五年もすれば、漢語に統合されるのだろう。

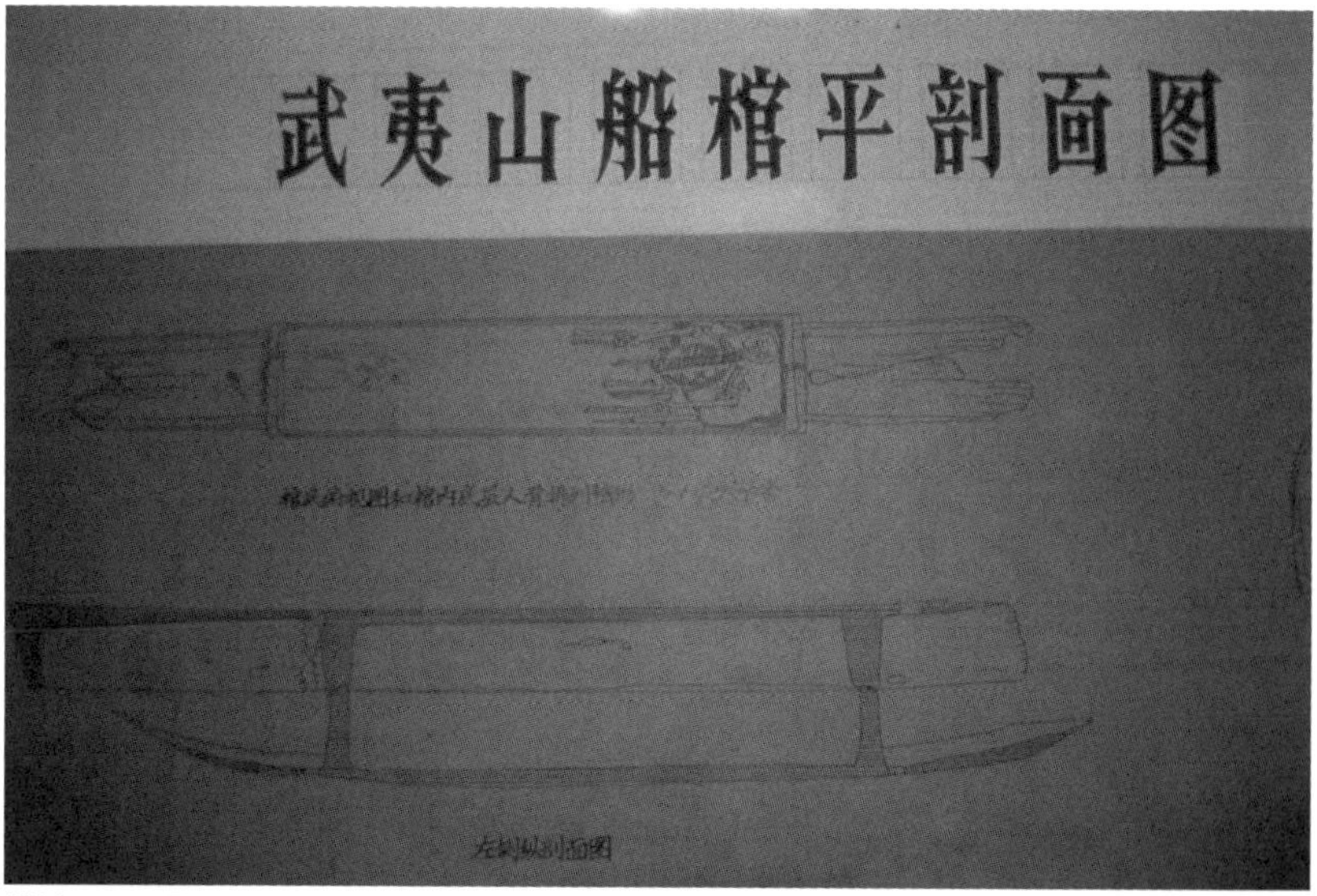

船棺の平面図

（2）武夷の崖墓と祖霊信仰の起こり

江南地方には、古くから懸崖（人が登ることの出来ない絶壁）の高い所に棺が安置される文化があったことはよく知られていた。懸崖の棺は、一般的に懸棺と呼ばれ、その場所は崖墓と呼ばれていた。

私が最初に崖墓を見たのは、一九九一年八月の江西省龍虎山であった。その時は、単に珍しい古い墓くらいにしか思っていなかった。

崖墓の最も古いものは、福建省武夷山市の大王峰にある崖墓。最初に武夷山市の崖墓を見たのは、一九九五年一月。その時初めて崖墓の謂れを知った。それ以来、崖墓と祖霊信仰と稲作文化のかかわりについて考えるようになった。そして、一九九七年十月二十九日、再び武夷山市を訪れた。

私は、十月二十三日から二十八日まで、江西省の南昌で開催されていた「第二回農業考古国際学術討

大王峰の上から見た手前、道教の建物の道灌と武夷宮の中にある博物館

論会」に出席し、多くの専門家たちから稲作に関する情報を得た。

討論会が終わった後、南昌から車で武夷山市に入った。ホテルは国家旅游局直営の玉女大酒店。通訳は、寧徳地方の畲《シェ》族を訪れた旅に同行し、すでに二回も私を案内してくれている福建省青年旅行社の陳凡さん。

翌三十日、朝一番の飛行機で、この辺の崖墓の専門家である林忠于教授が、私を案内するために福州からやってきた。彼とは旧知の仲で、すぐに武夷宮にある博物館を訪れた。館長の鄭さんは林さんの友人で、私たちは陳列品を見ながら、崖墓について話し合った。

武夷地方で一番古い崖墓は、武夷博物館の後ろに聳え立つ岩山「大王峰」にあったもので、炭素14で木棺を調べた結果、三千年以上古いものとされている。武夷山市に崖墓は多いが、一番よく見えるのは、九曲下りで有名な九曲渓を竹の筏で下り、四曲にあ

南昌で開催された第2回「農業考古国際学術討論会」参加者たちと筆者

林忠于教授と筆者

観光客を乗せて行く竹舟

る大蔵峰の崖墓である。筏から下りて、懸崖の対岸の山に登り、望遠鏡で見れば、穴の中までよく見える。私たちは、このようなことを昼まで話し合い、館長も交えて昼食を共にした。

午後二時から、武夷宮から一五キロ離れた大廟村にある、巨大な岩壁になっている蓮花峰の白岩崖墓を訪ねた。

私たちは、高い所にある崖墓を見上げながら、何故こんな高い所に棺を引き上げたのかについて話し合った。

武夷地方にある葫芦山頂上に、四角形の祭壇の遺跡が発見されている。これは三千年ほど前の西周時代に、天を祭る儀式用に使われたものとされている。

当時の人々は、神は天にいるものと思い、天に近い高い山を恐れた。すべての自然現象は神のなせる業と思い、自然災害を防ぐ方法として、六〇歳以上長生きした生命力の強かった先祖の霊を天に遣わし、神との連絡役をしてもらおうと考えた。そこで他人

九曲渓の第四曲にある大蔵峰の崖墓

武夷山市の博物館裏に聳える大王峰の崖墓

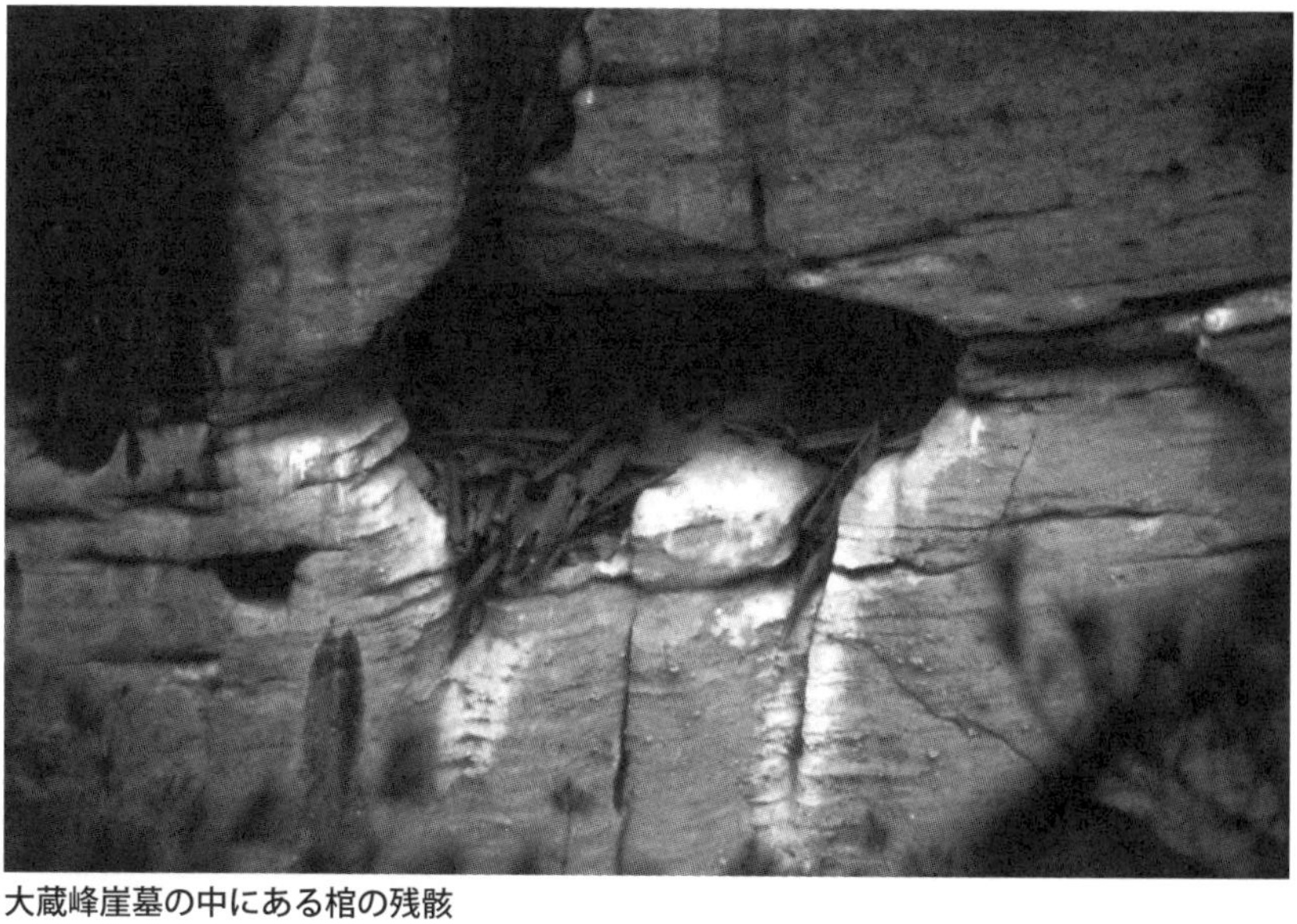
大蔵峰崖墓の中にある棺の残骸

籾を干す武夷の農民

に暴かれない、より高い安全な所に長命であった親の棺を安置することに、最善の努力を尽くした。

古代において、人が六十年以上も生きるということは大変な努力と工夫が必要であり、その逞しく生き抜いた「生命力」にこそ、多くの若い人々が憧れ、生き方を見習い、生き様に畏敬の念を抱いた。まさしく、六十年以上も生き抜いた親は、天の神への使者として、子や孫にとって頼もしい存在であったに違いない。

老人とは、単に年齢を重ねた肉体的状態を意味するのではなく、社会の知恵者としての文化的意味を持った社会的状態を表現する言葉なのだ。その老人が、青少年に惜しみなく知恵を伝え、現世に残していこうとするが故に、子どもたちの感性に「老人↓翁↓神」としての愛と温もりと畏敬の念が芽生える。老人＝翁の久遠の愛こそが子孫にとっての「神」なのである。

当時の人々は、先祖の霊が天に行き、神との連絡

武夷市内の宗家一族の飾り門

武夷の道灌の庭から見上げた岩山の大王峰

蓮花峰の白岩崖墓前での林教授と筆者

九曲下りの途中にある屹立する岩山

役をしてくれれば、子孫に災害が及ばなくなり、平和に安心して暮らせると思ったようだ。それ故、先祖霊が天の神に会えなかったとすれば、それは子孫の努力不足であったと思わざるを得なかったのである。

人々は、神に祈る時、高い祭壇を設けたり、高い山に登ってより近い所に参上したりした。当時の人々の天神崇拝の工夫と努力が、懸崖に棺を引き上げる行為を神聖化したとされている。

こうした当時の稲作農耕民たちは、自然災害は天の神によるものと考え、天により近い高い山を神聖化した。そして、雨乞いや病害虫などの災害防止として神への連絡役が出来るのは、生命力の強かった祖霊であると考えることによって、天（神）、山（自然）、祖霊（人）が一体化することを願った。それこそ、天・地・人の道理を確立する基本理念だ。その理念を応用した社会生活の知恵が「天の時、地の理、人の和」なのだろう。

天の神に近い岩山

祖霊とは、家族または血縁集団の祖先の霊魂のことだが、生者との相互依存関係によって、祖先崇拝が強く現れる社会状態を「祖霊信仰」と呼んでいる。

祖霊信仰は後世の江南地方の越族にも伝播し、武夷地方へ逃げのびて、閩越国を建国した越系民族にも伝承された。自然の営みの中で生きる稲作農耕民たちは、自然の偉大さ、怖さ、豊かさを全身に受けとめ、自然と先祖霊をほぼ同じものとして考え始めた。だからこそ毎年新しい米を収穫すると、まず祖霊に供えて新嘗の儀式をし、感謝の祭りをする。

こうした考えから、先祖崇拝という「祖霊信仰」の精神世界が、越系民族に広く伝播し、発展したのだろうと林教授と話し合った。

祖霊信仰は、弥生時代の古代において稲作文化として稲と共に日本にも渡来したものと思われる。

日本文化の基本である稲作文化の原郷を求めて二十年近くも踏査の旅を続けて、ようやく越系民族の原郷でもある武夷山の崖墓に辿り着いた。野生稲の

武夷地方で有名な猛毒の蛇を料理する料理人

武夷料理を作る人たち

生息地東郷県とはわずか一五〇キロの目と鼻の先である。稲を栽培する人々の精神世界の起こりと伝播が、この武夷地方に立って、霧の中から徐々に浮かび上がってきたような気がする。

武夷料理に使われる食材

500年以上も古い当時の下梅村貴族の家

（3）閩越国の古い下梅村と城村

越王の一族は、紀元前三三四年に楚の国に越国が滅ぼされた後、南の福建省辺に逃げ込み、今では城村と呼ばれている武夷の地に居城を築いて、越の末裔たちを集め、〝閩越国〟を建て、王都としたと言われている。

閩越国の門構えの中の虫の字は、水の神である蛇を図案化したものである。蛇と龍は同じ水の神であり、越系民族は、古来〝龍蛇信仰〟で、想像の龍を崇める民族であった。

越渓と呼ばれる川沿いを中心に、閩越国は再び栄えていたが、紀元二三〇年頃、漢の武帝の十万もの大群が押し寄せて、閩越国は滅びた。越族の多くは南の湖南、広西、貴州、雲南省へと逃亡や移住をした。しかし、城は焼かれたものの、まだ残っている多くの越系民族を漢化させるため、中原から李、林、

川沿いの通りで憩う下梅村の老人たち

数百年以上も古い建物が並ぶ下梅村の中心街にある路上市場

趙の三姓を中心とする漢民族が送り込まれ、移住してきた。

閩越国の首都であった城跡は、今では発掘されて「古越城」として遺跡になっているが、越族の居住地域であったこの地域には、漢化を促すため、最初は漢時代、次は南宋時代、そして明時代の三回にわたって漢民族の移住があった。そのせいもあるのか、案内板には、「古越」ではなく「古漢」の表記がある。

この城村の近くに、千年以上も前からの村「下梅」がある。下梅村は、越系民族の村で、今では古越と漢の合流した、大変古い村。今も越系の人が多く住んでいるとのことで、武夷山市旅游協会副会長の王公紅さんに、是非訪ねてみるようにと勧められた。

下梅村は、千年以上も前に、越系の鄒家が作った村で、今では五〇〇軒二千人が住む大きな村になっている。村長の家は四百年前に建立されたそうだ。

城村の中心街

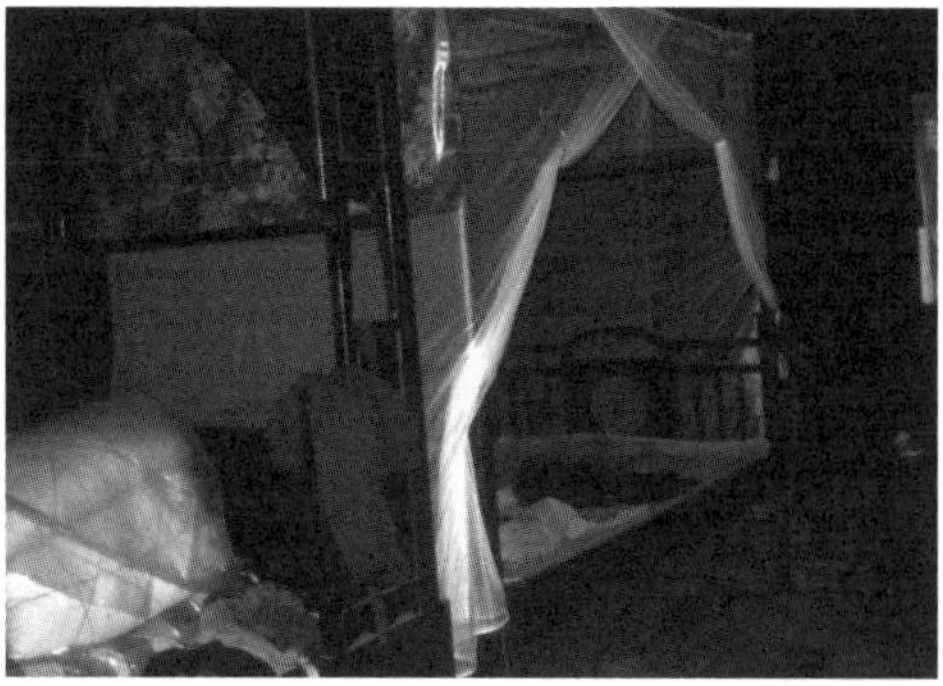

村長の鄒家の寝台

村長の家の台所

城村の蒸しパン屋

村長の鄒遠波（48）さん夫婦と祖母、それに案内役の学校の先生呉寿呉さん（右端）と筆者

城村の出入り口

下梅村隣の城村は、閩越国の首都であった所
（漢民族は古越とせず古漢としている）

何より、村全体の建物が古く、野外博物館のようになっている。言葉も漢語とは少々違って、米《メイ》、米飯《ビン》、川《カイ》、水《シュー》、火《フィ》、箸《タウ》、家《チョー》などである。

下梅村から一〇キロも離れていない城村を訪ねた。村の現在の人口は二千五百人だそうだが、清朝時代には今よりもっと多く、一万人以上も住んでいたそうだ。

古代の閩越国の首都であった城村は、今日崇陽渓と呼ばれる川沿いにあった。この川は、明・清時代には淮渓、閩越時代には越渓と呼ばれていた。その川沿いの古い埠頭近くに、樹齢九〇〇年の楠の大木があった。

この村には、清朝時代の初めに作られたという、村全体が見渡せる楼「聚景楼」があったが、今はないそうだ。城村は一度破壊されて、時代と共に作られたのでまとまりがなく、雑然としていたが、下梅村は破壊されなかったので、千年前とあまり変わらないような、古色蒼然とした家々が建ち並ぶ通りが

古越城の遺跡

古越城址から見た城村

あり、古代越系文化を止めているような珍しい街並みであった。

城村にある川沿いの古い波止場

城村郊外の越系稲作農家

7　江西省

川面から屹立する懸崖

樟樹地方への道

（1）稲作文化の発祥地

私は、一九七〇年から一九八〇年代にかけて、野生稲探索でインド東北部のアッサム地方を三度訪れたが、野生稲はなかった。一九八〇年に稲作文化を求めて中国大陸の雲南地方を訪れて以来、中国大陸東南部地域を毎年訪れた。そして、一九八五年頃から稲作文化の発祥地は、長江下流域の江南地方だと考えるようになった。その裏付けには、野生稲の存在が必要なので、一九八七年頃から江南地方での野生稲探査の旅が始まった。

一九九〇年一月には、湖南省長沙の水稲研究所で茶陵から移植された野生稲を見たが、自生している現場ではなかった。

一九九〇年九月四日、私は再び湖南省の長沙から汽車で江西省の南昌に向かい、夜八時に着いた。出迎えてくれたのは、ガイド兼通訳の張伊林さん（三

野生稲探索に協力してくれた陳文華研究員（右）と筆者

三歳）。そして、青山湖賓館で待っていたのは旧知の江西省社会科学院の陳文華研究員。

翌九月五日の朝、陳さんと張さん、それに運転手の王さんの四人で、南昌から南へ八八キロの樟樹市に向かった。野生稲が生えている現場の東郷県に行く許可は取れていなかったが、古くからの稲作地帯で、野生稲があるかもしれないという樟樹地方に行く許可は取れていた。

樟樹地方は、四～五千年前から人が住んでいる水稲栽培地域。十数年前に紀元前四～五世紀当時の貴族の墓が発掘され、この地方が当時〝越〟の国であり、後に楚の軍隊が侵入してきたことが分かった。

私たちは陳さんの知人、樟樹市博物館長黄さんの案内で、樟樹の町から一〇キロほど進んだ、観上郷の上湖村を訪れ、村人たちと昼食を共にした。

上湖村は、人家六〇軒、四百人が住む平地の水田地帯。この村は十四世紀頃から続いているそうだが、それ以前には〝しゅ〟と呼ばれる人々が住んでいた

古くからの稲作地帯の刈り入れ風景

という。この地域の言葉で〝しゅ〟とは越人のことである。

この地方に「しゅう」という地名が多かったということから、閩越族の居住地域であったに違いない。福建語で蛇のことを〝シェ〟と発音する。閩の文字は門構えの中に虫を記しているが、この虫とは蛇のことである。越族は蛇のような龍を偶像化して、信仰の対象としていた。

ちなみに、福建語で畲族を「シェ」または「シャ」、地方によって「しゅ」とも聞ける。漢語では「シェー」と呼ぶが、畲《シェ》族は閩越族の末裔とされている。ということはこの地方には、古くから越系の民族が住んでいたのだ。明時代の政策で、江南地方の越系民族の多くは、漢民族系の人々によって追い出され、はるか南の雲貴高原の方へ移住または逃亡したとされている。しかし、少数の人は残っていたと思われるので、現在の人々は、越系との混血漢民族なのだ。中国大陸には純粋な漢民族は一億人も

樟樹地方の人々、陳研究員と筆者

いないと言われている。大半がいろいろな少数民族と言われる人々との混血漢民族なのである。

昼食後、胡樹根さん（六六歳）と胡任呪さん（六〇歳）の二人の農民に、革命以前の少年時代の風習を尋ねた。

当時は、旧暦三月に田植えをし、七月に刈り取った。田植えの終わった二～三日後、各家で〝団子〟を作り、神や先祖に供え、豊作を祈って食べた。その時、草で龍を作り、人々がそれを担いで田圃の周囲を回った。それは雨乞いの儀式であった。越系民族にとっての龍は水の神様なので、この風習は越系民族の名残りだろう。

収穫後は、新米でまん丸い握り飯を作って、天の神に豊作を感謝して捧げた。そして越劇などを呼んで楽しんだ。

このような稲作文化は、麦作を中心としてきた純粋な漢民族にはない。おそらく、土着の越系民族との混血漢民族文化として閩越時代の風習が現地に存

上湖村の稲田

続してきたものだろう。

私は、陳さんに頼んで、この辺には野生稲はないだろうかと尋ねてもらった。すると、なんと二人の胡さんが、目を輝かせて言った。「野生の稲ならこの辺にいっぱいあったよ。でも、今は見かけない」。

この辺では野生稲のことを「ヤワ」と呼ぶ。ヤワは雑草として処置した。背丈は一メートルくらいで、生長すると葉や茎が赤褐色になり、籾は小さいが、稲と同じ型や色で、籾に付いているひげの芒《のぎ》は大変長い。村人たちは、この小さな実を「クイク（鬼の米）」と呼んだ。

「クイクは小さくて家畜の飼料にもならないし、何の役にも立たなかった」

陳さんは、彼らが話すヤワの特徴が、野生稲の特徴に類似しているので、ヤワは野生稲なのだろうと言った。

この辺には、ヤワは昔からあり、野草と見なしてきたが、共産革命後の一九五〇年頃から政府の指示

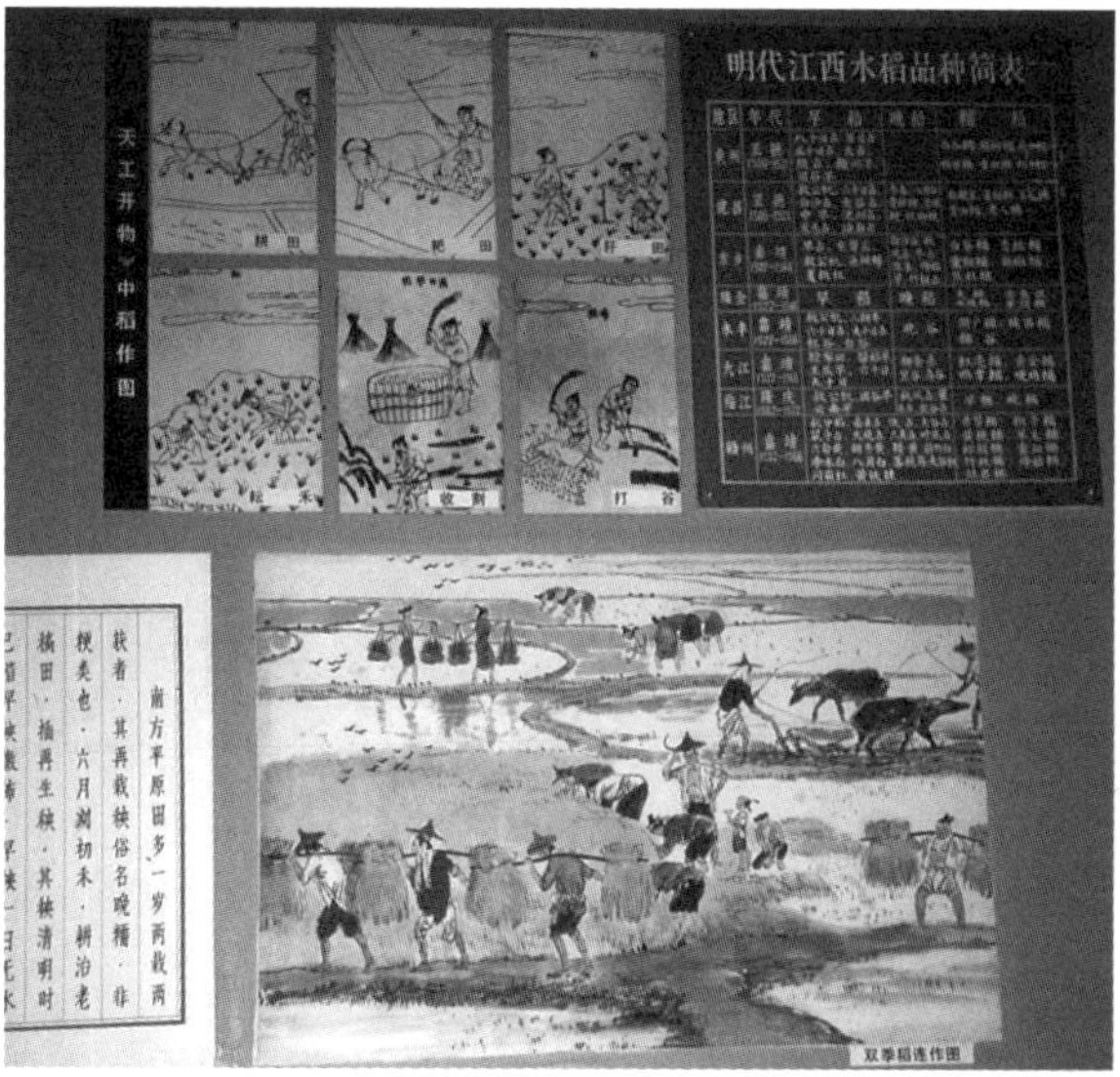

江西省博物館に展示されている稲作史

により稲の二期作が始まり、麦が植えられなくなった一九六四年以後からは、水田ばかりで畑がなくなり、徐々に見かけなくなって、今は全く見かけないとのこと。

学問的には立証されていないが、陳さんは、たぶんこの辺には野生稲があったのだろうと、老人たちに同意した。

雲貴高原の苗《ミャオ》や侗《トン》、タイ族など越系少数民族の大故郷と見なされている江西省の樟樹地方で、ヤワと共に生活していた老人たちの話を聞いて、稲作文化の発祥地を訪ねたような思いをしたが、野生稲が生えている現場を見ることは、まだ出来ていない。

車を止めた丘から歩いて進む

光家新村中塘近辺の稲田

（2）野生稲の群生地

一九九〇年九月に、江西省東部の東郷県にあると言われる、野生稲の生えている現場を訪ねることに失敗してから、しばらく経った一九九七年十月下旬、私は再度現地視察を試みた。

野生稲は、東郷の町から南東へ約二六キロ離れた、崗上鎮青湖光家新村中塘と呼ばれる所にあるという。そこへは、以前より簡単に行けることが分かった。しかし、国策として原種を保護しているので、外国人が現場に行くことを禁じていることもあって、知人に頼んで密かに案内してもらうことになった。

東郷から南へ二〇キロの崗上鎮まで舗装された道を十五分走った。以前は、この道が未完成で通れなかった。人口数千人の崗上鎮から東へ折れ、田圃の中の田舎道を進む。

砂糖黍畑と稲田の続く中にある小さな光家新村を

保護地の全景

過ぎ、赤土の大地を四キロほど進むと、道が二つに分かれていた。支道の北東方向へ折れ、中国杉の林や竹林、雑木林などの中を激しく揺られながら、二キロほど進むと丘に出た。車はそこで止まった。
「あそこの白い壁の中に野生稲がある」
案内してくれた男の指さす先の低地の方に下り、小道を三〜四〇〇メートル歩くと、白壁の手前に大きな掲示塔があり、「江西省東郷野生稲簡介」と記してある。そこには、〝ここの野生稲は最北端にあり、水稲起源の研究上大変重要なので、一九八六年に保護区として保存することにした。一九九七年八月〟とあった。なんと、この掲示塔は、私が訪ねる二ヵ月前の設置であった。
私は、高さ一・五メートルのコンクリートと石で造られた壁の上に立った。長径七〜八〇メートル、短径二〜三〇メートルの楕円状の囲いの中には水が溜まり池のようになって、周辺に禾本科の草が群生している。水の中にはマコモも生えており、来る途

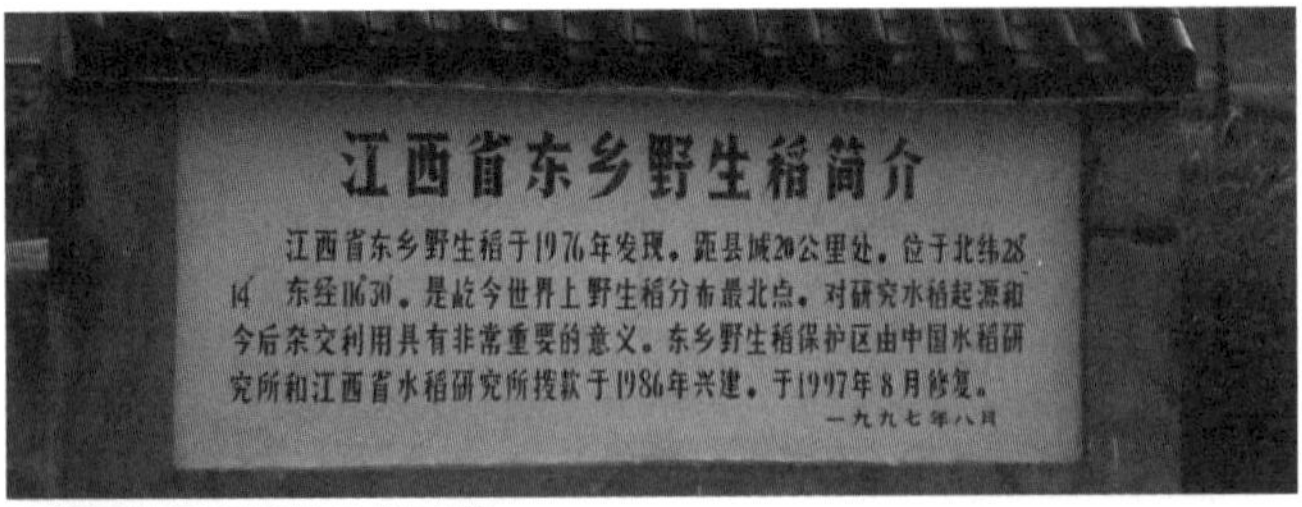

東郷野生稲保護地の掲示塔

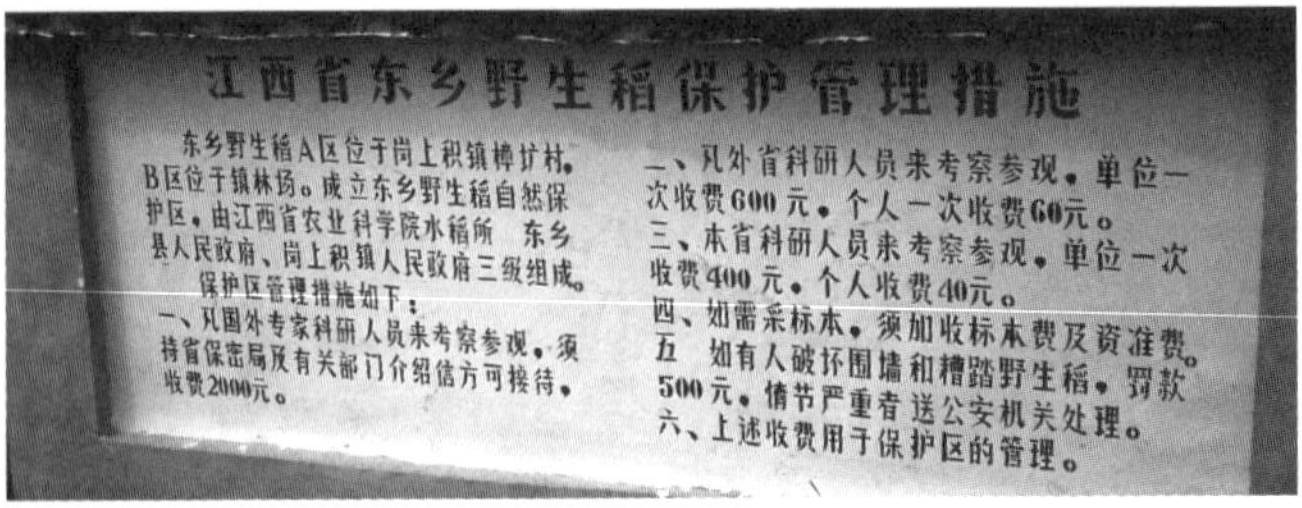

掲示塔裏の注意事項

中には茅やネコジャラシなどの禾本科の草が生えていた。壁の内側に下りて、禾本科の草が群生する中を歩いたが、どれが野生稲なのか分からない。

「この草が野生稲ですよ」

案内してくれた男に教えられてやっと野生稲が確認出来た。貧弱な穂らしきものを手にしてよく見ると、確かに小さな籾が付いている。しかも、細長い実の殻に付いている硬い毛の芒が長い。まさしく野生稲の特徴だ。

野生稲は大きな株になっている。背丈が伸びすぎて茎が倒れ、細長い葉や穂が立ち上がっている。稲株が大地を覆い、盛土のようになって沼地で島をなしている。その上に足を踏み入れても沈むことはなく、立っていることが出来る。

野生稲の茎は細くて長く伸び、葉も細くて長い。実の付く穂も小さい。実も小さく、数が少ない。実は熟した順に落ちるそうだ。籾の色は黒褐色、赤褐色、黄金色などいろいろあるが、籾殻を手で破ると、

水辺で島をなして稲株が生えている

中から白い小さな粒が出て来た。小さいが確かに米だ。

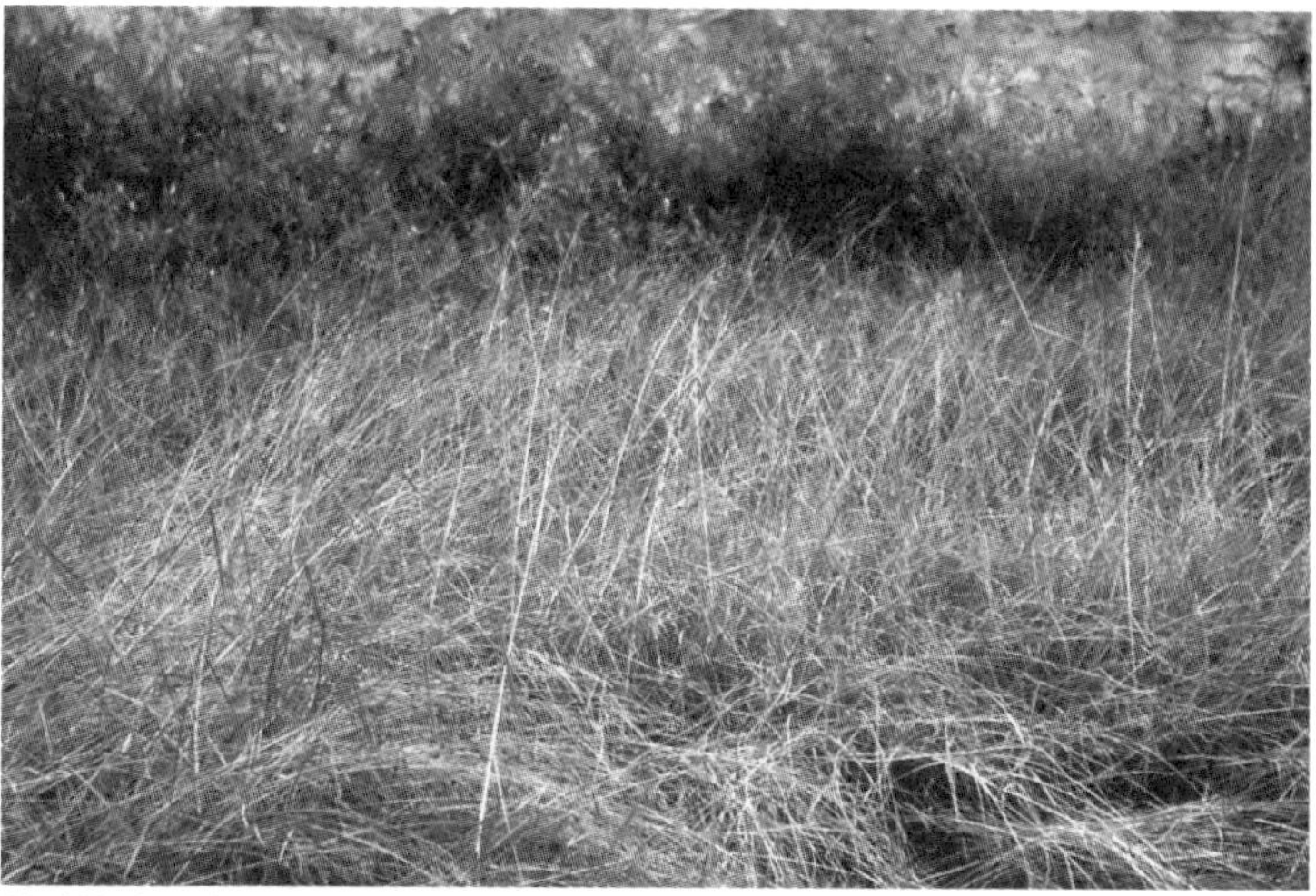
茎が伸びすぎて倒れている野生稲

野生稲の穂についた小さな実・籾

今日の栽培稲と比較すると大変貧相であるが、人類にとって都合のいいようには何も手を加えられていない、自然のままの稲の実なのだ。稲草そのものが、生き延びるために何千何万年間も自然環境に順応してきた姿である。

その野生稲は、育種学的、または稲作起源の歴史的に考える必要がなければ、あまり価値はないので、不要な野草でしかない。野草として見慣れてきた地元の人々にとって、これを保護しようとは思いにくい。しかし、私は、十数年間にわたっていろいろな苦労と努力を重ね、やっとこの地に辿り着き、この保護された野生の稲草を現場で見ることが出来た。インドのアッサム地方にも三度行き、雲南地方も訪れたが、野生稲はなかったので、これで中国大陸の江南地方が稲作文化の発祥地だと、確信が持てる。

それにしても、一見粗末な稲草の実を、食糧として発見し、品種改良や改善を加えて、今日の稲草の実、籾に仕立て上げた人類、特に古代からこの地方

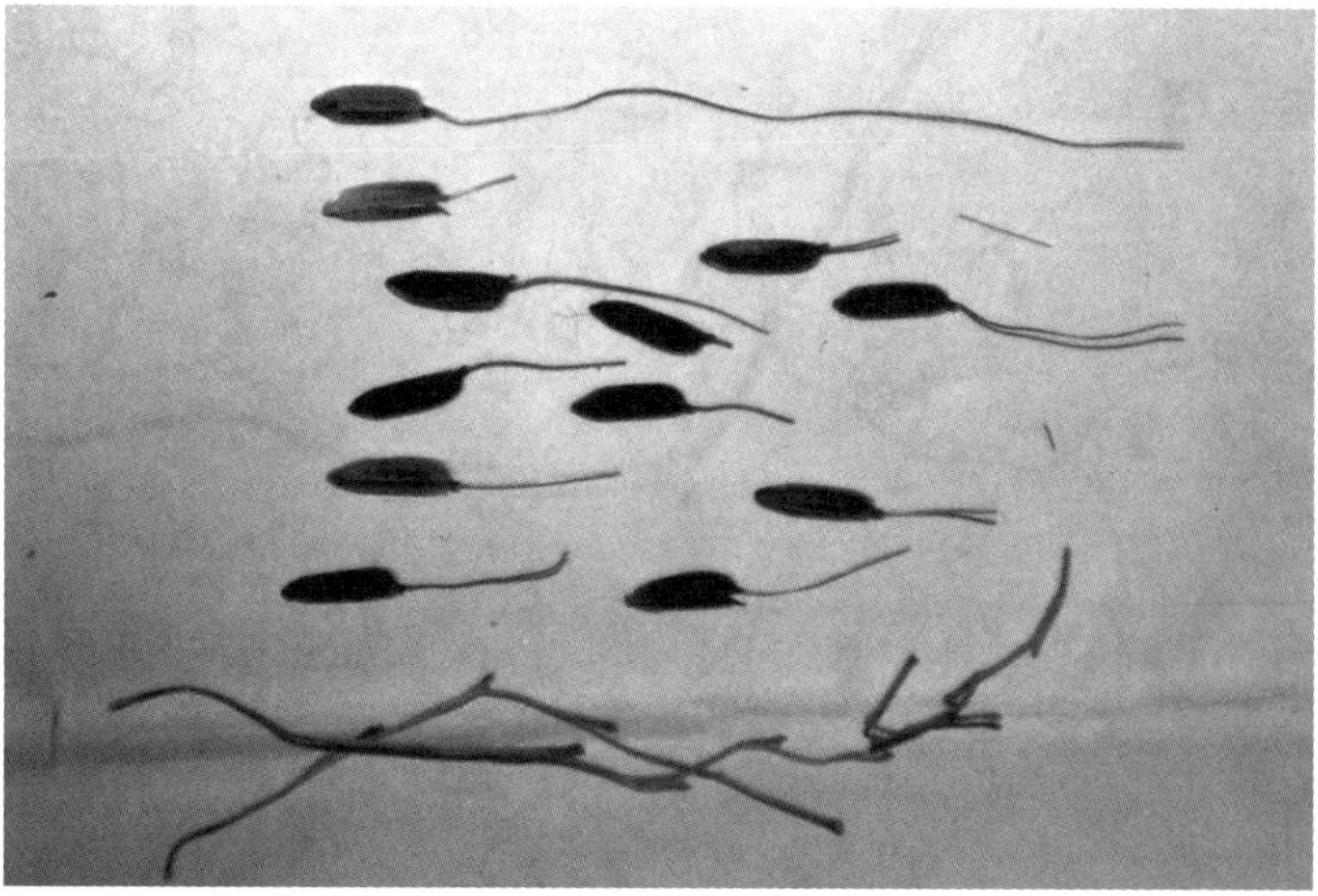

実についたひげの芒が長いのは、風に乗ってより遠くへ飛んでゆくための翼

に住んでいた越系の人々は、やはり知恵ある動物であったに違いない。

私たちが、この野生の稲草を栽培稲に仕立て上げた、古代越系民族の存在を承知した上で、今日まで栽培し続けてきた我らが先祖たちの努力と工夫に、畏敬と感謝の念を忘れないでいることこそ、諸々の風習であり、祭りや年中行事、そして米の食文化でもある飯、餅、団子、寿司、煎餅、酒などの稲作文化が、これからも伝承されるのだろう。

人は何故稲草を栽培し、米を食物として守り続けてきたのか。その疑問よりも、数千年以上も栽培し続けられてきた稲草、米、そのものが偉大であり、神であり、生命なのだ。

日本国がこれからいかに国際化し、文明化しても、私たち日本人が拠って立てるのは、稲作文化でしかない。

〝野に満ちる　稲草遠く迎え来て　いざ帰りなん瑞穂の国へ〟

白塔川の上清渓

（3）越系民族の懸崖墓地

崖墓の発祥地は、三千年ほど前の福建省武夷山であるが、そこから一二〇キロほど西の江西省龍虎山には、二千四〜五百年前の春秋戦国時代の崖墓が沢山あるというので、一九九一年八月に江西省都の南昌から訪ねることにした。

南昌から約二〇〇キロ東南に鷹潭市がある。そこから更に三〇キロほど南に走ると、龍虎山があり、武夷山脈西麓から流れる白塔川に出る。南東から北西にゆったり流れる、幅一〇〇メートル程もある白塔川の上清渓は、両側に高さ六〜七〇メートルもの岩山が林立し、川面を航行する船からの眺めは、一幅の画を見るような景観。

私は、舟をチャーターして、通訳の張さんと二人で撮影しながらゆっくり見物した。

岩山は疑灰岩で浸食されやすく、川沿いに絶壁が

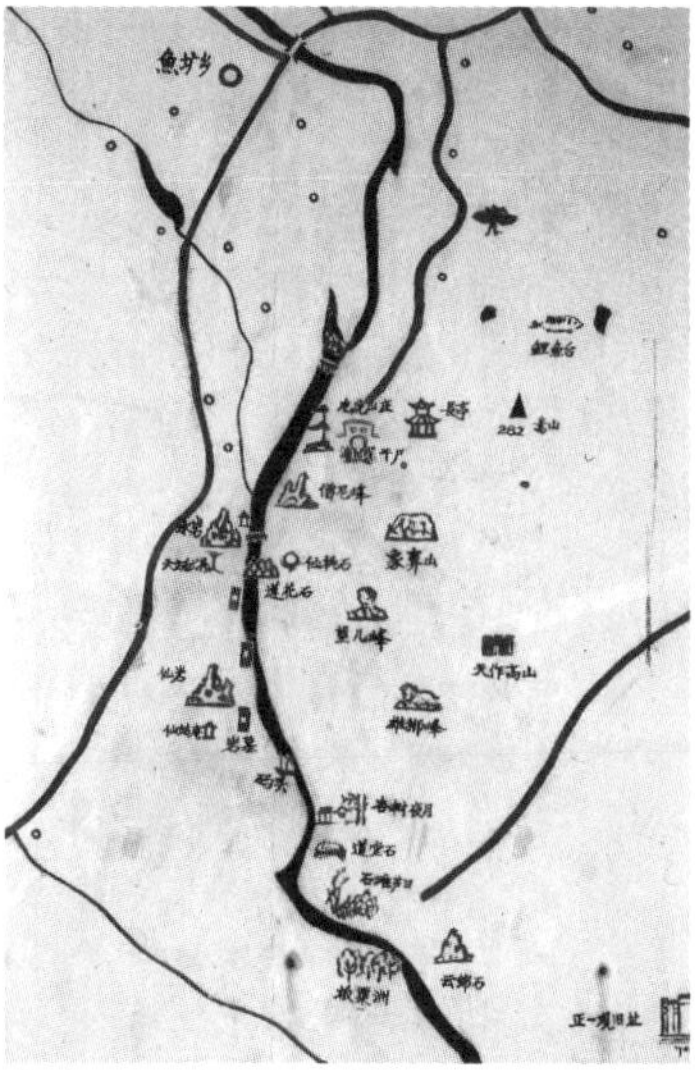

龍虎山に流れる白塔川の上清渓にある崖墓図

続いている。川に面した左岸の絶壁には自然に出来た多くの洞穴や棚がある。朝日の当たる東から東南に面した絶壁には棺が安置されているのだが、下からはよく見えない。

長さ三キロくらいにわたる絶壁は、下ほど浸食が激しく、オーバーハングしているので、下から崖墓に上るのは容易ではない。崖墓の高いものでは川面から四五メートル、低いものでも九メートルもあるので、十分な調査が出来ていない。そのため、どのくらいの数の崖墓があるかはいまだ判明していない。

下から上がることも、上から降りることも容易ではないのに、長さ三・九四メートル、高さ一・二二メートルもあるような、大きな屋根型木棺をどのようにして運び上げたのだろう。しかも、ロッカーのようになって無数にある。

ここの崖墓群の一部が初めて調査されたのは、一九七六年のことで、足場を組み上げて棺や副葬品を運び出したそうだ。なんでも副葬品などは盗難され

懸崖洞穴の墓は崖墓

ていなかったという。

江南地方には、漢や唐時代に北の河南省の辺りから漢民族系の人々が移住し、先住民の越系民族を追い出したとされているので、こうした古い崖墓は越系民族のものである。

古代の越族や後の閩越の人々が、死者を人が近づけない懸崖に葬ったのは、祖霊を天の神への使者にしたことや、太陽に少しでも近づいて、より早く朝日を迎え、〝御来光〟に接するためだと言われている。

有力な権力者ほど高い洞穴に葬られたというが、機械力の貧しい当時、どのようにして、どのくらいの人数が携わったのだろう。ここの崖墓は、数は多いが、越系民族が住んでいたのはそんなに長くはない数百年の間のことなので、有力者のみのものだろう。それでは、一般人はどのように葬られたのかは知る由もない。

現在、この崖墓群の中に村があるのだが、村人た

川面に近い崖墓

高い所の棚式崖墓

木棺が崩れ落ちた跡

ちは数百年前に福建省の方から移住してきた人々で、崖墓については何も知らなかったし、関心も示さなかった。

中国大陸の西や北から東南部の江南地方に侵入してきた漢民族系の人々は、先住の越系民族の歴史を明らかにすることには関心が薄く、今も放置しがちになっている。二千六百年近くも眠り続けているこの崖墓も、いまだに全容は解明されていない。

北の黄河文明の漢民族は、自分たちが征服した南の江南文明の方が古く、より発展していたことを恐れるかのように、越系民族の歴史を明らかにはしない。それは新制中国政府も同じである。

純粋な漢民族は一億人もいないと言われており、今日漢民族と言われる人々の大半は、越系民族のような少数民族との混血漢民族なのである。新制中国は、少数民族を武力と政治力・経済力で統合しようとしているので、漢字を北京語読みする混血漢民族が一層多くなっている。

この辺には橋がないので対岸には船で渡る

懸崖の崖墓の前に立つ筆者

川沿いで洗濯する村人たち

崖の上から川面を見下ろす

8 貴州省

地区の中心にある鼓楼

苗《ミャオ》族の一般的な木造の家

(1)苗《ミャオ》族の新嘗祭

初めて貴州省を訪れたのは、一九八三年九月であった。それ以来一九九六年八月までに二度訪れ、江南地方の江西省から移住してきた越系の稲作農耕民であった苗《ミャオ》族や侗《トン》族・布衣《プイ》族などの村々で、彼らの生活文化を踏査した。知れば知るほど日本の生活文化と類似する点があり、疑問と関心が強くなった。

貴州省は、最も漢民族化の遅れている地域で、四十六もの少数民族がいる。総人口約二八五五万人のうち、少数民族は七四二万人。そのうち苗《ミャオ》族が最も多く、約二五八万人とされている。貴州省の漢民族とされている人々の大半は、現地の少数民族の人々との混血漢民族である。

貴州省凱里県に住む苗《ミャオ》族は、今から五〜六百年前の明朝時代初期頃に、江南地方の江西省から移住してきた越系民族の末裔。その苗《ミャオ》族に、日本の皇室行

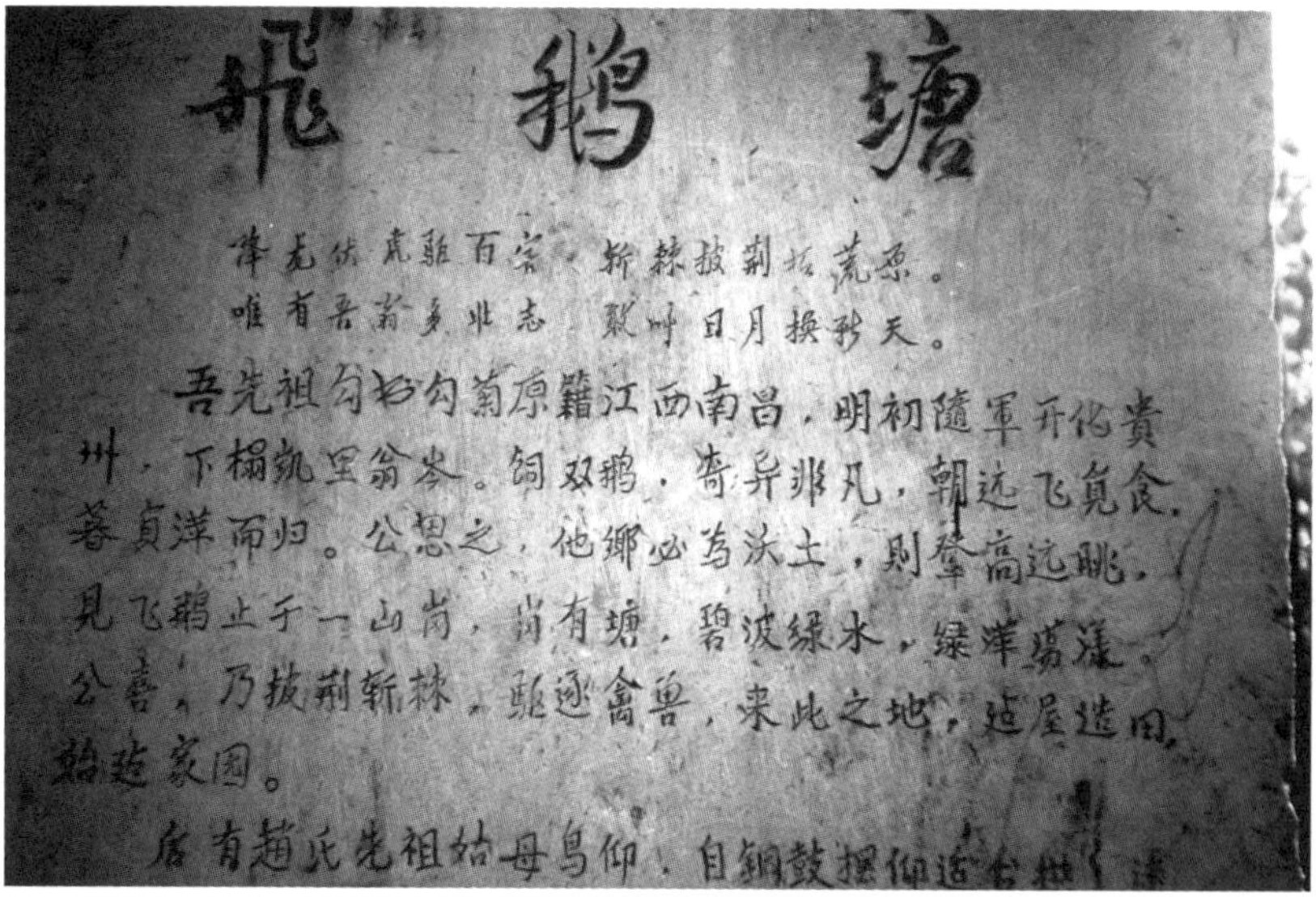

村人の先祖たちが、明時代初期に江西省から来た旨を表記した碑文

事と同じような、新米を食べる「新嘗祭」があるという。

私は、一九九六年八月二十九日（旧七月十日）に凱里県の翁項村を、地元の通訳兼案内人の熊邦東さん（二五歳）の案内で訪れた。

翁項村は、標高七〇〇メートルの南斜面にあり、約四〇軒三百人が住んでいる。村の下にある水稲の棚田はすでに色づいている。

私たちは村の中を見て歩いた。そして、熊さんが息子さんと顔見知りであるという、ヤン・ウージさん（五九歳）の家を訪ねた。彼女は気持ちよく迎えてくれ、明日の新米を食べる祭り「ノウモー」にも招待してくださり、しかも村で一番物知りのパン・ツオンミンさん（六八歳）の所へ案内してくれた。

苗語《ミャオ》の「ノウモー」の「ノウ」は食べる、「モー」は十二支の四番目の「卯」のこと。しかし、正確には「ノウモーケーキー」だそうだ。「ケー」は米、「キー」は新しいであり、「卯の日に新米を食べる」、

翁項村下の棚田。手前の盛り土は墓地

すなわち「新嘗祭」のことである。

凱里県の「ノウモー」は七月第一の卯の日と決まっているので、貴州省ではこの祭りを「七月半」と呼んでいる。しかし、同じ苗族《ミャオ》でも、湖南省や広西壮《チワン》族自治区などの低地では、七月第二の卯の日や六月の卯の日に行なっている。これは、自然環境によって、田植えの時期や稲の生育が異なり、収穫期が違うからである。

日本の新嘗祭は皇室行事で、今では十一月二十三日と決まっているが、本来は十一月の卯の日であった。新嘗祭は新穀感謝の祭りで、天皇が天神地祇に新穀を供え、共に新穀を食べる儀式である。これは宮中では、一年の諸祭儀の中で最大の祭りとされている。この行事は民間における稲の収穫蔡、秋祭りにあたる。

この地方の苗族《ミャオ》は、旧暦四月第一の卯の日から四十日以内に田植えをし、七月に収穫する。ノウモーの頃は食料用の貯蔵米がなくなる時だが、ノウモー

長い煙管で煙草を吹かすパン・ツオンミンさん

乳児に母乳を飲ませる母親

南斜面にある村の水場

シャンホ（神棚）に捧げられた初穂。
昨年の稲穂も残っている

9本の稲穂を抜いたヤンさん。
彼女は家に戻って稲穂を洗う

大きい神棚に初穂をかけるヤンさん

出来上がった料理を神棚の前に置き、粳米で作られた焼酎を捧げるヤンさん

朝蒸しておいたおこわに新しい玄米を混ぜた

料理する人たち

玄関でも線香を点し、焼酎と料理を少し捧げた

以前に稲を刈り取ってはいけないという。

「私たちのすべては先祖が伝えてくれたものだ。新しい米が出来れば、まず先祖に感謝してシャンホ（神棚）に供える。それをしなければ、家族に不幸が訪れ、来年は不作になる」。パン・ツオンミン老人が教えてくれた。それに、神棚に供えた稲穂は翌年まで放置され、いざという時には種籾にもなるそうだ。

越系民族の末裔たちが行なう、新米を祖霊神と共食する儀式の「新嘗祭」は、いずこでも〝卯〟の日であった。日本でももともと十一月の卯の日に行なわれていた。

何故卯の日なのか尋ねたが、パン老人は答えてくれなかった。何より、十二支の中の〝卯〟は、日本では兎になっているが、苗族《ミャオ》にとっては〝卯〟だけは姿形がないのだと言った。モーは彼らにとっては意味不明なもの・言葉のようだ。

私は、翌八月三十日の朝九時に、ヤン・ウージさ

午後1時過ぎから神棚の前で親族が集まって会食

んの家を訪れた。彼女は三十数年前にパン家に嫁ぎ、二男二女の母親だが、五年前に夫を亡くし、今では家長的存在。私たちは、彼女の行なう「ノウモー」の儀式を見せてもらった。

彼女は、九時過ぎに、三歳の孫を背負って家を出た。十分程坂道を下って、自分の好きな田に行き、孫と一緒に稲穂を九本抜き取った。

十時前に家に戻ると、稲穂に水をかけて洗った。そして、二本ずつ結んで神棚にかけた。苗《ミャオ》族の家には、入口を入った突き当りに大きな神棚があり、家の外にも小さな神棚がある。大きい方には祖霊神が、小さい方には祖霊神になれなかった霊が戻るという。

六〇歳以上の者が家で死ぬと祖霊神になるが、若くして死んだり、家の外で亡くなったりした者は祖霊神にはなれないそうだ。

彼女は、あっさりと大きい方に四本、小さい方にも四本の初穂を捧げた。そして、残った穂から籾を取り、籾殻を爪で剥がし、玄米を朝蒸しておいた白

10キロほど離れた舟渓苗の村で行なわれた闘牛大会

い飯の上にパラパラと撒いた。以前は新米を蒸したが、今は、おこわの上に置くだけだそうだ。

十時過ぎからお嫁にいっている長女、長男の嫁、次女、そして彼女の弟一人が、忙しげに料理を作り始めた。そして、午後一時前に、大きな神棚の前に沢山のご馳走が並べられた。彼女は一人で、大きな神棚の前に立ち、よく聞き取れない声で口をもぐもぐさせながら、床に糯米の甘酒と粳米の焼酎を少し注いだ。そして、おこわと料理を少量ずつ落とした。

「先祖の皆さん、今年も良い米が穫れました。どうぞ召し上がってください」

彼女はこのようなことをつぶやいたそうだが、手を合わせたり、頭を下げたりすることはしなかった。その後、家族や親族が集まって料理を食べた。午後はずっと飲み、食い、談笑が続いた。

二日目は、一〇キロほど離れた舟渓村で、近辺の苗《ミャオ》族が一万人以上も集まって、大きな闘牛大会が行なわれた。

午後6時頃から暗くなる8時過ぎまで続いた

三日目の午後五時頃には、翁項村の三つ辻のようになった広場に、翁項郷の村々から沢山の人が集まった。六時頃から芦笙が吹き鳴らされ、一二から一六歳までの未婚の娘たちが、銀製の装飾品を身につけて、暗くなるまで踊り続け、ノウモー三日間の祭りは終わった。

翁項苗の「ノウモー」は、各家々と地域全体の収穫感謝祭のような行事であった。

右から凱里市政府の楊天祥さん（50）と外事弁公室の楊正方さん（50）。左端は筆者

旁海村近くの棚田

（2）旁海苗の豊年祭

私は、一九八三年九月四日午前十一時頃、貴州省の凱里から山の尾根を北東へ三五キロほど離れた、大きな谷間の清水江沿いにある旁海村を訪ねた。

江南地方を故郷とする越系民族の末裔である苗族《ミャオ》（畲族《シェ》と同類）は、大半が稲作農耕民。九月四日から始まる芦笙節は、豊年を祝う「豊年祭」で、日本の秋祭りと同じような意味を持った行事だが、革命以後は儀式的なことは禁じられている。

旁海村では、凱里市政府の楊さんの紹介で、副区長の宝金さんに会い、事情を説明して、滞在中の手配をお願いした。彼は大変親切にいろいろと世話をしてくれた。

芦笙節の豊年祭初日の今日は、村々から人が集まって自由市場の開く日で、旁海村の人口は約三千人だが、なんと一万人もの苗族《ミャオ》が集まって大きな市

コンニャクや豆腐売り

祭りの日に立つ市場

場が開かれていた。

野菜、果物や肉類、川の魚類は言うに及ばず、酒、たばこ、竹や木製の家具、鉄器、陶器、衣類、雑貨類、食品類、出来立ての豆腐やこんにゃく、ビーフン料理、そして日本と同じような蓑、笠、草履など、ありとあらゆるものが売られている。

私は、村を見て歩き、昼食は雷応忠さん（七〇歳）の家に呼ばれて苗族《ミャオ》料理を食べた。私の他には苗族《ミャオ》の十数名の客が土間の食台に向かい合って座っていた。外国人は私一人だが、彼らは気にすることなく騒がしく酒を飲み、料理を食べていた

料理は鯉こくと野菜料理が三種類と野菜スープ。主な味付けは塩と唐辛子だが、隠し味のすっぱさが口に残った。尋ねると「オーショ」と呼ばれる酸味のある汁であった。

苗族《ミャオ》には、日本の酢や漢民族の醋に相当するものはなく、このオーショを先祖代々壺に入れ、次々に白米のとぎ汁を足し加えて保存し続け、煮物料理な

昼食に招いてくれた雷応中さん夫婦

草履やわらじ売り

祖母に衣装を着けてもらうスパオさん

強引に飲ませたり食わせたりするのが
歓迎の仕方

雷さん一家

籾を干す女性

どの味付けに利用するとのこと。

祭りには遠くから親族が訪れる。来客にはまず「お猪口で二杯酒を飲ませる。これは、二本足で歩いて来てくれたことへの感謝の表現だという。時には食べることや飲むことを強いる。お互いに飲ませ合う習慣もある。酔っ払ってくると、食べるよりも飲んで、手を取り合って歌う。

私は、昼食後、雷さんの孫娘スパオさん（一六歳）に正装してもらって撮影した。家の前の庭では脱穀した籾を乾していた。

午後五時頃村を引き上げ、凱里に戻った。そして翌五日の午前中は、別の船渓苗の村を訪ね、昼食後再び旁海村を訪ねた。清水江のほとりにある旁海村は、もともと交易の場で、川を道として船で上り下りする人々の娯楽や社交の場でもあった。だから、十数ヶ村の人々が集まり、いろいろなグループが笙を吹く習わしが旁海村で行なわれており、凱里地方では最も大きな芦笙節で、毎年沢山の人が集う。

舟で対岸に渡る人たち

村に着くと人が少なかったが、対岸の川原にはすでに沢山の人が集まっていた。私は、ニヤンと呼ばれる小舟で対岸に渡った。

昼間は暑いので、夕方から始まると聞いていたので、午後三時過ぎに着いたのだが、すでに群衆の中にいくつもの輪が出来ており、男たちは大小五本の芦笛が組みになった、小型の芦笙や大型の高さ三メートルもある芦笙を吹いていた。

芦笙の音は、神である祖霊に祈りを捧げる合図のようなもので、より大きな音が望まれて次第に大型化したと言われている。革命以前はいろいろな儀式があったが、今では宗教的な儀式は禁止されているのでやらなくなった。

午後二時頃から人が集まり始めたそうだが、四時頃にはすでに一万人を越えた。着飾った娘たちが、いろいろな村からやって来て、数人または七、八人が連れ立っている。

中には母親に付き添われて、現地で装飾品を身に

川原の出店

午後3時頃対岸の川原の様子

午後3時半にはもう輪ができて若者たちが芦笙を吹き鳴らしていた

銀製品を素朴に着飾った娘さん

午後4時過ぎには1万人ほどが集まった

男たちが吹き鳴らす芦笙の周りで、着飾った娘たちがゆっくり踊る

つける一二〜三歳の娘もいる。どちらを向いても、少なくても五キロ、重いと一五キロもの銀製の装飾品を身につけて、華やかさを競うかのように誇らしげな表情の娘たちが練り歩く姿が見られる。

娘たちが銀製品を着飾るのは、元気な働き者で家が豊かだという証明をして、より良い男から求婚されるためだという。これらの装飾品は財産として結婚する時持参するが、結婚後身につけることはほとんどなく、すべて娘に譲ってしまう。なんといっても豊年祭の主役は娘たちで、まるで結婚相手を求める集団見合いのごとく、見栄の張り合いのように着飾っている。

若い男たちは、豊年を感謝し、全身汗にまみれて踊るように芦笙を吹き続け、豪華に着飾った娘たちは、まるでお姫様のようにしとやかに、左回りにゆっくり踊る。

老若男女沢山の人々の注視の下、芦笙の音に浮かれた祖霊の神々と共に踊っているかのような、着

川原では競馬も行なわれた

飾った娘たちの満ち足りた表情は美しい。

越系民族の末裔たちは、どこに住んでいても稲の収穫蔡がある。祭りは単なるレクリエーションではなく、地域の人々を統合し、若者たちに顔見せをさせる、団結と集団活動の啓発も兼ねた伝統文化伝承の機会と場である。現代的に言えば、青少年の活発な活動と、異年齢集団による、一種の社会人準備教育の場でもある。

川原に座り込んで見る人たち

地区ごとの鼓楼と池

（3）侗《トン》族の鼓楼

貴州省の東端に「サオ」と呼ばれる侗《トン》族の村がある。私は、一九九六年八月二十九日に訪れ、三日間滞在して稲作文化を踏査した。

サオ村は山々に囲まれ、平地の水田と山麓の棚田がある。村は標高四〜五〇〇メートルで、谷間の川に沿った一本道に家が建ち並んでいる。家は木造の二階建てで、屋根は灰黒色の平板な瓦で覆われている。約八〇〇家族、四千人が住んでいる。

サオ村の人々は、今から七百年ほど前の南宋時代の終わり頃、漢民族に追われて江西省吉安市の辺りからこの地に移住してきた越系民族の末裔で、江南地方の生活文化を今も止めている。

サオ村は大家族制で、五つの地区に分かれている。そして共同生活組織の単位である地区ごとに、象徴的な楼閣、鼓楼がある。

谷間にあるサオ村全景

鼓楼には必ず飲水源と池、そして花橋（飾橋）と劇場が附属する。村の中を流れる小川に架かる屋根付きの花橋は木造で、両側に長い椅子が取り付けられ、画や木彫などの飾りが施されている。

花橋は、朝から夕方まで村人たちの憩いの場、社交の場であり、子どもたちの遊び場でもあるが、夜は若者たちの出会いの場、恋愛の場となる。

地区ごとにある池では鯉や鮒の稚魚が育てられ、田植えした田に収穫直前までの約四ヵ月間放たれる。魚は収穫祭などの時に料理される。

鼓楼は必ず奇数層からなり、小さいもので五層、大きいもので一三層、高さ三〇メートルもある。村で一番高い一三層の楼は、直径四〇センチの柱四本が中心で、四方に直径三四センチの柱が一二本立ち、合計一六本の柱で支えている。

鼓楼には梯子が付いており、上層の床がある所に長い筒型の木太鼓が吊るしてある。長さ二メートル、直径三〇センチのくり抜き太鼓は、両端に牛革を

1つの地区の花橋と鼓楼

張ってあり、直径二センチ、長さ三〇センチほどの細長いバチで叩く。

鼓楼は、「見張台」「警報台」「集会場」などの役割を果たしていて、日本の弥生時代の集落にあった「楼閣」に似ている。太鼓は、「集会」「敵襲」「長老の死」「火事」などを知らせる時に叩かれる。

各鼓楼には「チョオー」と呼ばれる四〜五〇代の伝達係がいて、彼が太鼓を叩くことになっている。

「トントントン……」

一拍子で三回続けて叩き、それを繰り返すと「緊急事態発生」。「トントントントントン……」と急いで連続的に叩くと「緊急集会」を意味し、村人は一斉に戻ってくる。

サオ村の鼓楼は文革中に破壊され、一九八二年に再建されたものだが、木太鼓はまだ吊るされていなかった。今日、太鼓が使用されているのは、後日訪ねた高僧村の鼓楼だけである。

農作業はすべて旧暦で行なわれ、三月末に田植え、

家の1階は物置で住まいは一般的に2階

壺に入った焼酎を売り歩く婦人

台湾や江南地方、そして日本にもある、
魔除けとして道沿いに建てる石敢當

小川の上の花橋

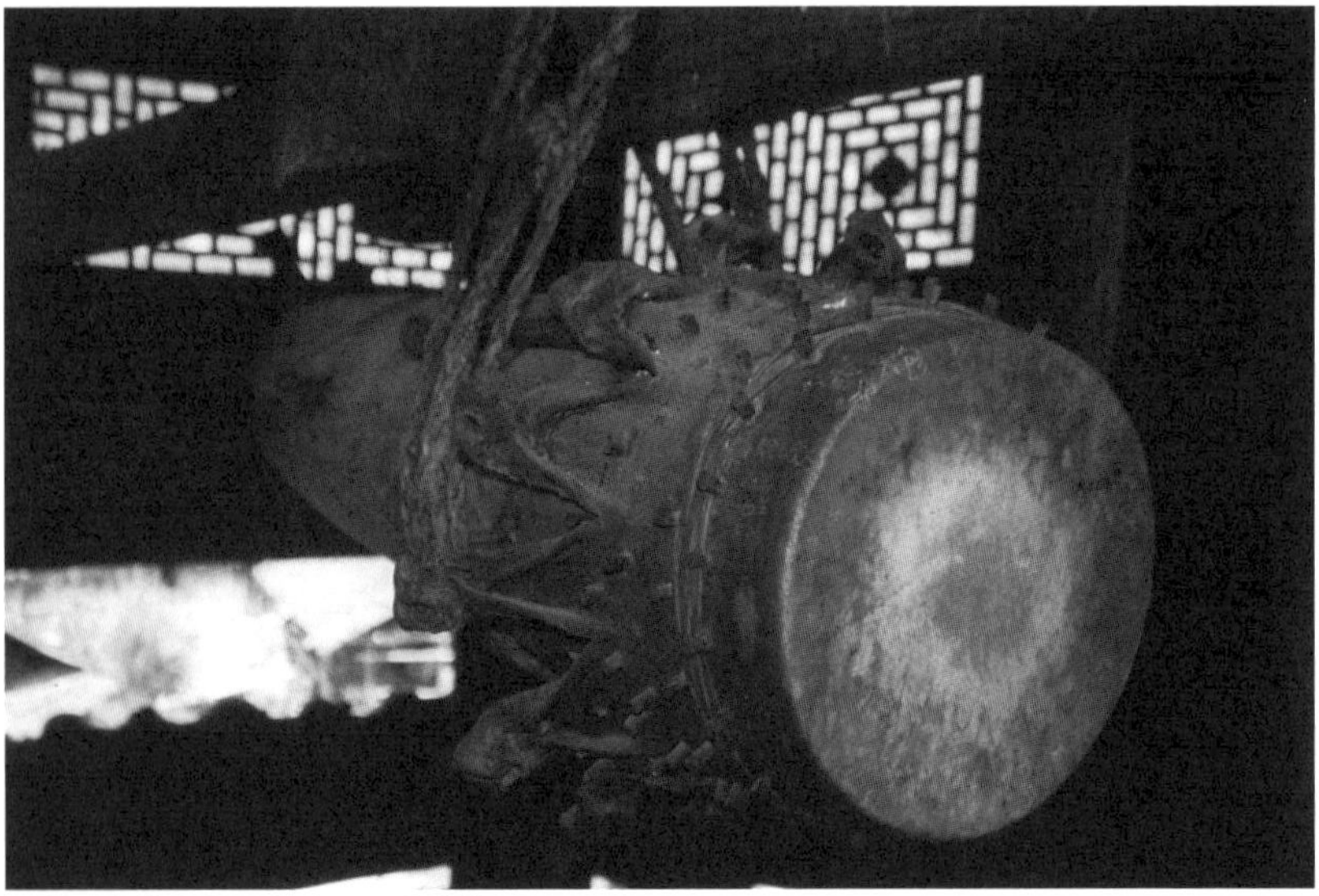

両側に牛革を張ったくりぬき太鼓

石造りの墓

サオ村の料理

叩きコマで遊ぶサオ村の子どもたち

七月中下旬に稲刈り。この地方の米は日本と同じ短粒米。祭りや年中行事の時には糯米を蒸して「餅」や「強飯」を作って食べ、日常は粳米を炊いて食べる。

三月二日は「恋愛祭」で、若い男女が野山で数人ずつ掛け合いで歌う野遊びの日。六月六日は「ターニン」と呼ばれる日本の夏祭りのような豊年祈願祭。八月の卯の日に行なわれる「芦笙節」は、日本の秋祭りと同じで、大きな芦笙を吹き鳴らして、飲み、歌い、踊って大騒ぎをする。

侗《トン》族には「神」という言葉がない。「クマン」と呼ばれる祖霊が神を意味する。どの家庭でも親が六〇歳になると「木棺」を準備する。亡くなれば墓地に埋めるが、その霊は東の空へ行く。未婚者が亡くなると山奥に葬られ、その霊は家に戻ってくることはない。

侗《トン》族は、年長者の死後の魂は天へ行き、必要に応じて家の神棚に戻って来る。祖霊は守護霊となり、

鼓楼の下で踊る若者たち

いつでもどこでもついてくる。大晦日から小正月までは家に戻っているので、線香を立てて、飯、茶、酒、豚の赤肉料理を供える。

日本人である私にとっての「神」とは何だろうか。私は自問したが答えられなかった。神道における神とは侗《トン》族と同じように祖霊のことなのだろう。

小川で洗濯する女性

9 広西壮族自治区

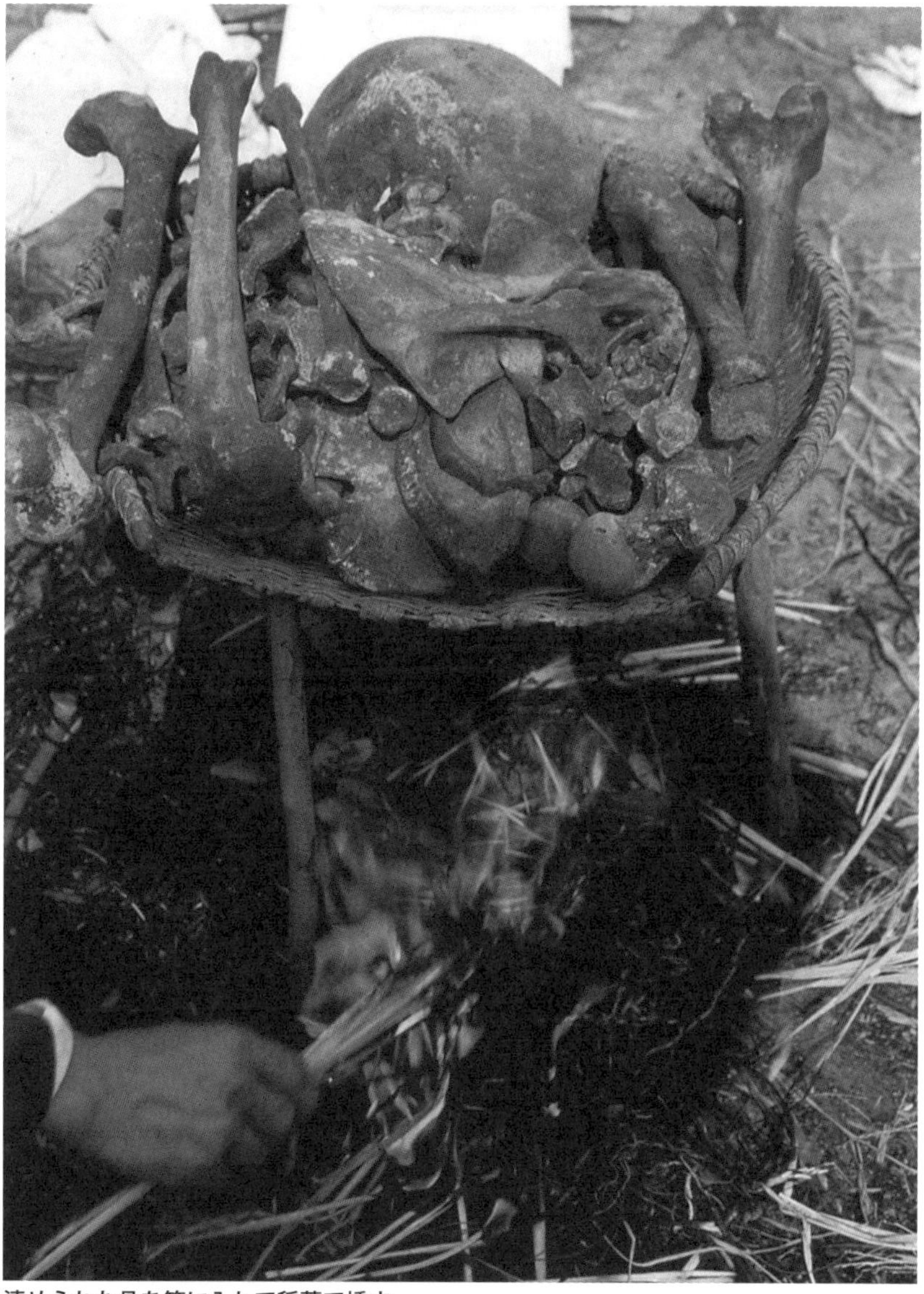

清められた骨を箕に入れて稲藁で燻す

漢民族化した壮族《チワン》の家

(1) 駱越の末裔・壮族《チワン》

中国大陸東南部に住んでいる壮族《チワン》は、十二世紀の南宋時代には「力強く抵抗する」という意味で「撞」と記され、明・清時代には「獞」の字が当てられていた。そして、中華人民共和国になった一九四九年以後は「僮」と表記されていたが、一九六四年に現在の「壮」の字になった。いずれも中央政府からの呼称で、壮族自身の呼称ではないが、今日では現地でも一般的に壮である。

紀元前三三四年、西の楚の国との戦いに敗れた江南地方の越の国の人々の多くは、南に逃避し、百越と呼ばれるほどに分散した。壮族《チワン》はその一つの駱越民族の末裔。彼らはもともと祖霊信仰であったが、後に仏教徒にもなっている。しかし、祖霊を敬う心情は今も強い。

広西壮族《チワン》自治区の成立は一九五八年で、総人口

竹製の笠をかぶった壮族《チワン》の子どもたち

武鳴県馬頭村全景

壮族《チワン》が正月に食べる4色おこわ

三千三百万人のうち一千万人が壮族《チワン》であり、雲南・貴州・四川省などにも百万人いる。中国五十五の少数民族の中では最も人口の多い越系の民族である。

私は、広西壮族《チワン》自治区をこれまでに三度訪れている。四度目は、一九九六年一月に越系民族の「稲作文化」を踏査するためであった。

区都南寧から約六〇キロ北の武鳴県には、多くの壮族《チワン》が水稲栽培を生業として生活している。生活形態はすでに漢民族化しており、家はもともと木と竹の高床式住居で、階下は家畜用であったが、今では平屋の煉瓦造りになっている。

しかし、彼らは今も稲作農耕民で、稲作起源の伝説や新嘗の祭り、雷神の子であるカエルをトーテムとする風習などがある。燕を益鳥として大切にし、川魚の草魚を生で食べる。

壮語《チワン》で草魚のことを「ラクワン」という。長さ三〇センチほどのラクワンのうろこを取り、三枚におろす。ラクワンには小骨が多いので薄く千切りにす

草木染した糯米を蒸し器で蒸したもの

ラクワンと呼ばれる草魚をさばくウン・ヨーウさん（35歳）

薄く切られた草魚の刺身と薬味

る。それに菜種油などをかける。そして、セリ、香草、唐辛子、生姜、らっきょう漬けなどを細かく切り刻んだ薬味に付けて食べる。これは、刺身というより「ぬた」に近い。ちなみに中国大陸で生魚を食べるのは壮族《チワン》だけである。

正月には草木で着色した赤・白・黄色の三色おこわで祝い、糯米の焼酎や酒を飲み、男女が対歌をする。

また、二次葬の習慣があり、骨壺を絶壁に安置する「崖墓」を作る。これらは、駱越民族の末裔である壮族《チワン》だけでなく、江南地方発祥の越系民族独特の風習である。

古代の越族は、紀元前五世紀頃には、現在の浙江省、福建省、江西省などを中心に住んでいたが、紀元前四世紀末に楚の国の侵入を受けて滅びた。支配階級の多くは南の方へ逃げたが、一般の庶民は居残った者もいただろう。しかし、紀元前三世紀頃から漢民族の侵入によって楚も滅び、江南地方の越系

馬頭村での昼食。左は夷さん、中央は陳さん、右は通訳の崔さん

娘の被り物の後ろ

壮族《チワン》衣装の若い男女

洞穴に安置された木棺は、骨壺よりはるかに古い時代の崖墓

絶壁の洞穴に安置された骨壺（比較的新しい）のある崖墓

民族の多くは、徐々に南へ移住した。そして、越南とも呼ばれる現在のベトナムまでに至る、広範囲に住むようになり、「百越」と呼ばれるほど多くの国をなした。

例えば、紀元前二世紀頃の漢時代には、浙江の「甌越」、福建の「閩越」、広東の「南越」、広西とベトナム北部の「駱越」などである。壮《チワン》族は、この駱越の末裔とされている。

その後、江南地方では漢民族文化の浸透によって、越系文化は衰退したが、都市部から離れた山奥や雲貴高原や広西壮《チワン》族自治区、ベトナム北部などの僻地では、今もまだ色濃く残っている。しかし、時代の流れと共に薄れていっている。

川沿いに聳える花山岩壁

（2）越系民族の花山岩画

中国大陸東南端にある広西壮《チワン》族自治区のベトナム国境近くに、古代の越系民族が描いたものと思われる〝花山岩画〟がある。

これは、左江の支流、明江の右岸にある、高さ二九〇メートル、幅二五〇メートルもの岩壁の下層部に描かれている。私は、一九九〇年一月と一九九六年一月の二回、この地を訪れた。

区都南寧から南へ二〇〇キロ、舗装された道を車で三時間走ると寧明に着く。ここからは道がないので、左江の支流である明江を川船で二時間下り、パンロン村に着く。更に川船で四十分下ると花山である。

高さ四五メートル、幅二一〇メートルの岩肌に、朱色で奇妙な体形の人物像が、約一八〇〇体も描かれている。朱色の塗料は、酸化鉄と牛の血、牛乳、

左江支流の民江

樹脂などを混ぜたもので、竹か棕櫚の毛などの刷毛で描いた素朴な画。

この塗料を炭素14で調べると、二千五百〜千八百年前のものと判明した。まさしく岩画遺跡だ。

二回目の一九九六年一月に同行してくれた自治区博物館の研究員鄭超雄さん（四五歳）が、専門家の立場でいろいろ説明してくれたので、一回目には分からなかったことが絵解きされた。

これらの画は、いくつもの集団になって、村の長、首長の死を記念して描いている。死者は腰に環刀を付けて犬の背の上に立っている。その周囲の人物は裸体に近い。

山は神の家であり、それを守っているのが犬。死者の魂は、この犬に導かれて山に入る。現在ではこの山は〝花山〟と呼ばれているが、本来は「ピャライ」と呼ばれていた。その意味は「草木の茂る所」。当時の越系民族にとって、犬は特別な意味があったらしく、いろいろな所に描かれている。このような

花山へ向かう船上の筆者

花山岩画記念碑

花山岩壁は下部が湾曲してへこんでいるので雨水は当たりにくい

踊る人たち。男は正面から、女は横から描かれている

西洋料理人の帽子のような高髪は男で、英雄

一見何の絵か不明

◎は太陽で干ばつを意味している

ことから、漢民族に、越系民族の末裔である畲《シェ》族が、「先祖は犬」と表現されたのかもしれない。

頭に羽根を付けた羽人がいる。頭髪を角のように二つにした双髪は男性。一角のような単髪は女性。西洋料理人の帽子のような高髪は男性で、英雄の象徴。戦勝記念もあれば雨乞いもある。雨乞いは高い帽子を被って踊る女たちで、戦い行事は男たちのカエルのような蹲踞《そんきょ》の姿勢で表現されている。

首長と思われる人物が犬の背に立っている姿が大小三一体あり、大きいものは一九体ある。とすると、少なくとも一九世代、多くて三一世代の首長が描かれている。一世代約二十年とすると、三八〇年から六百数十年もの間にわたって描かれていることになる。

湾曲した川面に面した花山の岩壁は、南西方向に向いている。岩壁全体がやや湾曲し、上部が前にせり出ているので、岩画には雨水はめったにかからないし、直接の陽ざしはほとんどない。そのせいか、

蹲踞《そんきょ》の姿勢は戦いの様子

花山壁画の下に立つ筆者

明江の漁船

外気に触れているにもかかわらず、二千年近くも原型を止め、いまだに変色の少ない不思議な現象だ。

川幅五〇メートル足らずの反対側の岸から柏手を打つと、岩壁が湾曲して迫り上がっているので、反響する。「オーイ」と声を発すると、上空の方から返ってくる。大きな声で岩山に向かって話しかけると、拡声された声が天から下りてくる。花山岩画の下で話す声が、まるで数メートル近くのように聞こえる。

この花山岩壁は、古代の越人たちが、死者の魂を天に送るに最もふさわしい所で、しかも、先祖霊が告げる天の声を聞く場所として長く聖地の役目を果たしていたのだろう。

しかし、やがて宋時代になると、山東半島から漢民族系の軍隊が侵入し、越系民族を追い払い、この地方を支配下にした。この近辺に住む今日の人々は、漢民族系の軍人と居残っていた現地女性との混血漢民族の末裔で、岩画については何も知らなかった。

太陽を拝礼する人

岩山から見下ろした馬頭郷の水田地帯

（3）壮族《チワン》の二次葬

一九九六年一月、南ベトナムから国境を越えて花山岩画を踏査した後、区都南寧から六〇キロ北の武鳴県馬頭郷前蘇村を訪ねた。この村は、稲作の純農業地帯で、約二〇〇家族、七百人の小さな村で、小学校が一つある。

前蘇村は水田地帯の丘のような所にあり、一番上に小学校がある。私は、通訳の李さんの案内でウン・ヨーウさん（三五歳）の家を訪れ、この地方の生活文化を調べることにした。

私の同行者はビデオカメラマンの小森君と、通訳の李鷹剛さん、自治区博物館の主任研究員で、民俗学の専門家である鄭超雄さんと現地の案内人である。

午前十時頃、カメラを肩に掛けて村を見て回っていると、小学校近くの蘇明華さん（四〇歳）の家で、親類縁者が集まって先祖祭りをしていた。

馬頭郷の死者を弔う旗

丘の上の墓地に安置された木棺

葬式用の棺の上に置く飾り

家に残っていた息子が言うには、今日は占いによると吉日なので、三年前の五月十五日に七〇歳で亡くなった父親の二次葬をしているのだそうだ。

長男の蘇明華さんや縁者の男たちの多くが、墓地に行って洗骨しているというので、次男に相談したところ、取材することを承諾し、案内してくれた。

村から一キロほど西へ戻った村道近くに墓地があった。緩い丘になっており、黒松がまばらに生えている。木棺は地中に埋めるのではなく、半分ほど埋めているが地上に置いているので、一種の風葬だ。

一五名の男たちはすでに棺を開け、白い柔らかな紙ですべての骨を拭き清めていた。清めた骨は竹製の箕に入れて、稲わらの煙で二〜三分燻した。そして、高さ四〇センチほどの壺に足の骨から順々に収めた。最後に頭蓋骨を置き、壺の口に赤い布をかけて栓をした。この間、男たちは祈ることもなく、にこやかに会話し、明るい雰囲気であった。

長男の蘇明華さんが、その壺を竹かごに入れて背

村を見下ろすように並んだ木棺

新しい木棺

棺を開いて骨を取り出している人たち

壺に足から順に入れ最後に頭蓋骨を入れた

父親の骨を拭き清める長男の蘇明華さん（左の人）

村近くの丘を穿って骨壺を安置した

骨壺を背負う蘇明華さん

穴に安置された骨壺に供物を捧げる蘇明華さん

安置された骨壺への供物

負い、村の入口まで運んだ。占いで決められた村の入口にある丘の南向きの斜面を穿って壺を安置した。鶏と豚の肉、米を供え、紙銭を燃やし、線香を点した。近い親戚縁者だけが線香を手にして拝礼し、大地に膝と掌をついてひれ伏した。

こうした二次葬は日本の南西諸島の奄美大島や沖縄などにもあることなので、珍しいことではない。

正午頃、蘇さんの家に戻った男たちは、酒とご馳走を振る舞われた。村人たちは米の焼酎に鶏の胆汁を入れ、緑色にした焼酎を大きな茶碗で飲む。目がよく見えるようになるということだった。

二次葬にかかる費用は五～八〇〇元。村の平均月収は二〇〇元（約二五〇〇円）なので、貧しい家庭は二次葬が出来ず、そのまま放置し、十年もすると地上の棺は朽ち、骨が露出する。

壮族《チワン》の人々は、死後の肉体は土に還るが、魂は子孫へと伝わるので永遠だと信じ、霊力のある祖霊は山に住んでいて、いつでも子孫を助けるという。

高さ7～80メートルもある絶壁の白い所が古来の崖墓

蘇さんの家で二次葬の振る舞いを受ける人たち

崖墓から村を見下ろす

「昔は、骨壺を岩山の高い穴に安置した。今では金はないし雨乞いもしなくなったので、村の近くの低い所に安置するだけだ」。村人たちは淋しげに言った。

壮族《チワン》の多くの人々は、今も稲作農耕民であるが、科学技術の発展により、すでに治水工事が施され、灌漑用水路が充実しているので、雨乞いの必要性はなくなった。しかし、彼らには、今もまだ祖霊の宿る崖墓を作る習慣がある。その崖墓の発祥地は、越系民族の故郷の一つでもある福建省武夷山市である。

ウン・ヨーウさんの家での昼食。左端はウンさん、手前は筆者

村の学校の校門前に並ぶ子どもたち

1949年の革命以後に畑の岸に安置された骨壺を見る筆者

10 雲南省

水かけの準備をする村人たち

タイ族の子どもたち

景江の夜明け

（1）景洪タイ族の正月

西暦一九八〇年四月は、雲南省シーサンパンナの景洪タイ族の暦では、一三四二年六月となり、正月にあたる月である。

タイ族は、紀元前には現在の江西、湖南や広西壮《チワン》族自治区に住んでいた越系民族であったが、漢民族などの侵入によって、多くの人々が徐々に南へ移動した。遠くはインドのアッサム地方やビルマ北部のシャン地方からタイ国北部、ラオス、ベトナム北部やシーサンパンナにかけて移住し、いろいろな王国を建国しながら独自の生活文化を維持してきた。特にシーサンパンナの景洪に住むタイ族は、二十世紀に至るまで西洋文化の影響をほとんど受けていなかった。稲作農耕民のタイ族は、どちらかといえば女性がよく働き、前に出がちな女性優位の社会であり、女性が大家族を支えることを「女の甲斐性」と

バナナの葉で包んだ紫米のおこわ

ビーフン料理をよそってくれるタオさん

する風習もある。

越系民族の稲作文化を知るには、まさにうってつけの民族ではないかと思い、景洪タイ族のお正月を踏査することにした（今日のタイ王国やミャンマーのシャン族とほぼ同じ民族）。

シーサンパンナ・タイ族自治州に、外国人が入域出来るようになったのは、一九八〇年四月十一日で、まさにその日に私たちは昆明からバスで入域した。

午後四時、摂氏三三度もある景洪の町に着き、景洪第一招待所に案内された。迎えてくれたのはタイ族の案内人タオさん。自治州都の景洪は、標高五〇〇メートルで、人口二万人余りだそうだ。

翌四月十二日はタイ族の正月の元旦。日本では冠婚葬祭には特別な料理を食べるが、タイ族の正月料理はどのようなものがあるのだろうと、期待に胸を弾ませて、午前七時半に食堂に入ると、丸いテーブルには、タイ族の正月料理がいっぱい並べられていた。

水かけの準備をする村人たち

街頭を歩く娘たち

白粥と紫色の粥の二種類があり、紫色の粥の原料は紫米であった。芭蕉の葉で巻いた〝カオン〟という粽があった。味はかしわ餅と変わりない。日本と同じような赤飯もあった。タイ族は粘りのある糯米を好むそうだ。とにかく、〝ハロソ〟〝カツオ〟などと呼ばれる糯米料理が多い。

めでたい「ハレ」の日に赤飯を食べるのは日本と同じだが、黄飯を食べる理由をタオさんは知らなかった。日本でも静岡県浜松では、クチナシの実で色づけした黄飯を食べるそうだが、その理由も判明していない。生竹の筒の中に糯米を入れて焼いたバンホラや、米栈《ミーセン》と呼ばれるきしめんのようなビーフンと野菜を炒めたものなどは日本にはない。しかし、全体的には、日本に類似の食物が多い。

ガイドのタオさんは、明るくてよくしゃべる。長い黒髪を後頭部にくるくると堆く巻き上げ、ピンや櫛でしっかりと止めて、花やカンザシを刺している。

私は、村の様子を見たくて、朝食後カメラ一台を

タイ族の正月料理

家の前を通る人に気軽に声をかける女性

肩に掛けて一人で郊外の村へ出歩いた。男たちはどこかの家に集まって酒でも飲んでいるのだろうかほとんど見かけない。習慣なのか、女は家の前を私が通りかかると、「スザオリ（こんにちは）」と笑顔で声をかけてくれる。歩いていると、ある家の前で三〇代と思われる美しい婦人に呼びかけられ、中に入るように勧められた。高床式の家の木の階段を上ると、床に置いた木の食台に正月用の糯米料理やバナナ、スイカ、マッコラなどの果物が置いてあった。彼女は親しげに微笑み、茶碗に入った焼酎を勧める。恐れや疑いのない表情で、焼酎を振る舞ってくれ、果物を手渡ししてくれる。

「トハ、モープー、カムタイ（私はタイ語を話せません）」と言ったが、彼女はそんなことはどうでもいいと言わんばかりに、まるで肉親のように振る舞って笑う。

日本でも昔からハレの日に酒はつきもので、神事には巫女が必ず勧盃する習慣がある。神前で杯を差

筆者に水をかけた子どもたち

沢山の女性に水をかけられては大変だ

し出して酒を勧めることを一献といったが、今では一献は個人的にも使われる小酒宴や振る舞いを意味する。

私は、タイ族の女性の一献に正月気分を十分に味わった。

彼女にお礼を述べて外に出た。村の広場では水かけ祭りが始まっていた。水をかけられると一年間の厄払いが出来ると信じているので、人々は競って水をかけ合う。

私は正午前に全身びしょ濡れになって招待所に戻った。カメラなどにも無頓着に水を浴びせるのには驚かされた。

景洪郊外のタイ族の家はいずれも高床式で、木製の梯子が付いている。その家の茅葺き屋根には、日本の神社に見られる「千木」や「かつお木」と同じようなものが付いている。千木やかつお木と類似するものは、茅葺き屋根を補強するにはなくてはならないもの。もし、それがなければ屋根は風雨に弱く、

屋根に、日本の神社の千木やかつお木に類似するものがある高床式入母屋造りの家

一度の嵐で吹き飛ばされてしまう。稲作文化としての高床式入母屋造りの建築文化は、日本にもあり、神社などに応用されている。

日本の神社の屋根にある千木やかつお木は、棟飾りの一つとされている。もしかすると、はるか昔の先祖たちが、越系稲作文化の象徴として、先祖霊の神が宿る「家」である神社だけには、象徴的に残し続けて今日に至っているのかもしれない。

私たちが泊まっている招待所の裏は段丘になっており、その向こうがメコン川の上流であるランツアン川。

正月二日目は龍船祭。長さ二〇メートル、幅約一メートルの龍船に四～五十人の漕ぎ手が乗って、村対抗の競漕。男一一組、女三組が参加している。女も男も白、赤、青、黄、緑、桃色など、色とりどりの布で頭に鉢巻きをし、大変勇ましい姿。

赤い旗が振り下ろされると、短い櫂を持った漕ぎ

幹部たちの席

競漕準備をする龍船

二艘の龍船が競っている

漕ぎ手は銅鑼の音に合わせて一斉に漕ぐ

漕ぎ終わって龍船から降りた女性たち

手たちは、銅鑼の音に合わせ、掛け声もろとも一斉に漕ぎ始める。そして、川幅四〇〇メートルの対岸に到着する速さを競う。一等は賞金一〇〇元（当時の月給五〇元）が貰え、全員に酒が振る舞われる。大変にぎやかで勇ましい正月行事であった。

越系民族の末裔たちは、このような龍船競漕を、端午の節句や正月などの祭礼儀礼として、どこに住んでいても古くから華やかに催している。例えば中国大陸東南部やタイ・ラオス・ミャンマー・香港・台湾・日本の沖縄などである。

この起源は、江南地方の越族の稲作農耕民たちが、水の神として崇めた蛇を、想像上の龍に化身させた「龍蛇信仰」によるものと思われる。

越系民族には〝鯉の滝上り〟の諺がある。鯉は川を遡り、滝を上って龍になると言われており、長い龍のような舟で早さを競うことは、水の神である龍を敬い、龍と一心同体になって勇ましく活発に振舞うことであり、豊作や幸運をもたらすめでたいことなのである。

勝者には全員に酒が振る舞われ、金一封がもらえる

11 海南省

うまく跳躍して一人で竹踊りをする女性

通什のホテルで行なわれたリ族のショー

（1）リ族の酒談話

私は、一九八二年十二月二十六日に海南島を訪れた。島の中央部に標高一八六七メートルの五指山があり、その南に人口二万人の町、通什がある。周囲を山に囲まれた通什は、標高八〇〇メートルの盆地にあり、山間にはリ族と呼ばれる少数民族が住んでいる。

私は、通什の町に二泊して、史さんと劉さんの二人の通訳と共に、リ族の生活文化を踏査するため、村を訪ね歩いた。海南島の南部に約七〇万人いるといわれるリ族は、約千年前に福建省の方から海南島に移住してきた、越系民族の末裔たちである。

最初に案内されたのは、街から三〜四キロの蕃芽《バンモー》村であった。この村は近代化しておりもっと素朴な村を見たい旨を伝えると、村の生産隊長ワンチン・ファンさん（四〇歳）が他の村を案内してくれるこ

リ族の田園と什馬村

ホテルのショーとして踊るリ族の女性たち

とになった。
リ族は漢語で〝黎族〟と表記されるが、海南語では〝ロイ〟。蕃芽《バンモー》村の村人たちは自分たちのことを〝ゲイ〟と呼んでいた。ゲイの意味を尋ねたが、誰も教えてくれなかった。

通什の町から別の谷間を約六キロ入った什馬《タバン》村は素朴で良かった。この村には、車の通れる道がなく途中から歩いた。緩い斜面に棚田が広がっている。茅葺きの家があったが、この辺では一番古い村だそうだ。

什馬村の漢語が話せるチュン・シンさん（二五歳）の家でいろいろ聞き取りをした。村人の三十数歳から下は学校に通い、漢語が話せるが、それ以上の人は理解出来ない。通訳は日本語から漢語、漢語からリ族語なので、なかなか上手くいかない。

チュン・シンさんの家に村人十数人が集まってくれ、〝ビヤン〟と呼ばれる酒を飲みながら話を聞いた。リ族は、人が集まるとお茶代わりに酒を飲むの

什馬村の家の入口

什馬村の藁ぶきの家々

だそうだ。ビヤンは、アルコール度数一〇％もない。しかし、更に二～三週間もすると、アルコール度数三〇％の強い酒になるという。

これは日本の甘酒を搾った〝にごり酒〟のようで、私は茶碗で二杯飲んだが、あまり酔わなかった。

リ族の家は、本来竹と茅や藁だけで作っていたが、今では土壁で囲い、屋根を茅または藁で葺いている。土間で煮炊きをするので、家の中には煙が漂い、目にしみた。

水稲は二期作で、まず二～三月に田植えをして、五～六月に収穫。次には七～八月に田植えをして、一〇～十一月に収穫する。十二月の今は農閑期だが、多くの村人が苗代を作っているとのこと。

リ族の結婚について尋ねると、村人たちは我先にと話してくれた。まず、男の父親が結婚させたい娘の両親に会い、息子の嫁になってほしいと相談する。娘の両親の承諾を得れば結婚が成立する。結婚式は、水牛四頭と小さな銅鑼一個、それに銀貨一枚を娘の

竹で骨格を作った家

籾を選別する婦人

竹かごを作る男性

現代的な土塀の家

苗代への種籾蒔き

牛に引かせて田を耕している村人

親に渡した日に、娘の家で飲み食いの宴会をした後、男側に娘を連れて行く。男側で村人が集まって歌ったり踊ったりする。中でも竹踊りが一番盛り上がるそうだ。

リ族にとって最も盛んな行事は、〝トプセ〟と呼ばれる〝竹踊り〟だそうだ。若い男女にとって見合いや顔見せを兼ねているとのこと。

その竹踊りを是非見たいと頼むと、明日、蕃芽村で行なわれるとのことだったので、ワンチン・ファンさんに頼んで見せてもらうことになった。

翌十二月十八日、午前九時に蕃芽村を再訪した。リ族は、普段の衣服は西洋風になっているが、この日は、一二名の若い男女がリ族の衣服を身につけていた。

村の広場に村人が集い、若い男女が歌ったり踊ったりした。そして、十時頃からフィリピンのものと同じような竹踊りを始めた。それは、歌や掛け声で

食事前に乾杯する村人たち

壺から瓶に酒を入れ替える娘たち

リズムを取りながら、飛んだり跳ねたりして、二本のローンと呼ばれる竹棒に挟まれないようにする遊びだった。
竹棒をリズミカルに上手く飛び越せればよいが、挟まれると失格。敏捷でない者は、足を取られて笑い物になる。男女とも敏捷な者が村人の注目を浴び、好感が持たれる。
竹踊りは昼前に終わり、十二時から竹踊りをした若い女性ワントン・チュー（二〇歳）さんの家で、リ族料理の昼食をご馳走になった。リ族は男も女も五〜六歳からビヤンをよく飲むそうで、女性も強かった。いろいろ質問したので、酒入りの談話がしばらく続いた。
越系民族の末裔たちの村では、どこでも米の酒を飲むが、リ族のように水代わり、お茶代わりのように飲む習慣はなかった。あまり強い酒ではないが酔いが回ると注意力、集中力が薄れ、話が弾み、楽しい世界になってしまう。これも精神的解放を望む越

酒を飲みながらの昼食

系民族の生活文化の一つなのだろう。

私は長年にわたって稲作文化に親しむ越系民族の末裔たちを踏査してきた。彼らは中国大陸東南部から東南アジアにかけて広範囲に住んでいるが、今住んでいる自然環境によって、衣服や言葉、食物などは少々違っていた。しかし、どこに住んでいても米を主食として祖霊信仰が強く、酒を飲み、歌い踊る祭りがあり、水の神蛇を偶像化した架空の龍を崇める心情に変わりはなかった。

共に酒を飲むワントン・チューさんと筆者

蕃芽村の正装した若い男女

竹踊りのセット

あとがき

二〇二〇（令和二）年三月から、コロナウィルス感染症拡大によって、各自の行動が拘束され、国内外を自由に旅行できなくなった。

それに、私が理事長を務める公益社団法人青少年交友協会の活動を、コロナの煽りで止むを得ず一時止めたこともあり、全く暇になった。

そこで、五月頃から一九六四年以来訪ねた世界百四十二ヵ国のポジフィルムを、暇に任せて見ていた。青少年交友協会事務員の加瀬喜晴君から、各国で撮影した珍しい写真を多くの人に紹介するよう勧められ、八月から彼の協力によってパソコンで〝ブログ〟を立ち上げ、「地球へめぐり紀行」の題名で毎回一ヵ所ずつ紹介することにした。

私は、一九七〇年から「日本の文化的、民族的源流を求めて」のテーマで、中央アジアから東の諸国をくまなく探訪したし、一九八〇年頃から「稲作文化の源流」を探して、中国大陸東南部の越系民族と思われる少数民族を訪ねていた。

一通り世界中を紹介した後、二〇二一年六月頃から、「新制中国の望郷」のテーマで、中国大陸東南部を四〇回程紹介した。その中で、日本の稲作文化とかかわりが深いと思われる少数民族だけを選り出して、テーマを「稲作文化の原郷を訪ねて―越系少数民族探訪―」とし、写真中心の一冊にまとめ、三和書籍の髙橋考社長に出版をもちかけ、承諾してもらった。編集を担当してくれたのは、若い社員の篠原崇将君で、彼には大変お世話になった。

本著書は、私が提唱した〝稲作文化の発祥地は江南地方〟説の裏付け的な、写真中心の踏査記録なので、読者の皆さんが楽しく、気楽に見ていただけるとありがたい。

二〇二一年十二月七日

森田勇造

【著者】

森田勇造（もりた　ゆうぞう）

昭和15年高知県生まれ。昭和39年3月東京農業大学卒。
昭和39年以来、世界（142カ国）の諸民族の生活文化を踏査し続ける。同時に野外文化教育の研究と啓発、実践に努め、青少年の健全育成活動も続ける。元国立信州高遠少年自然の家所長。元国立大学法人東京学芸大学客員教授、現在、公益社団法人青少年交友協会理事長、野外文化研究所所長、野外文化教育学会顧問、博士（学術）、民族研究家、旅行作家、民族写真家。平成24年旭日双光章叙勲。

〈主要著書〉
『これが世界の人間だ—何でもやってやろう—』（青春出版社）昭和43年、『未来の国オーストラリア』（講談社）昭和45年、『日本人の源流を求めて』（講談社）昭和48年、『ユーゴスラビア』（講談社）昭和48年『遥かなるキリマンジャロ』（栄光出版社）昭和52年、『世界再発見の旅』（旺文社）昭和52年、『わが友、騎馬民』（学研）昭和53年、『日本人の源流』（冬樹社）昭和55年、『シルクロードに生きる』（学研）昭和57年、『「倭人」の源流を求めて』（講談社）昭和57年、『秘境ナガ高地探検記』（東京新聞社）昭和59年、『チンギス・ハンの末裔たち』（講談社）昭和61年、『アジア大踏査行』（日本文芸社）昭和62年、『日本人からの出発』（日本教育新聞社）平成元年、『天葬への旅』（原書房）平成3年、『シルクロードのひみつ』（講談社）平成4年、『ユーラシア二一世紀の旅』（角川書店）平成6年、『野外文化教育入門』（明治図書）平成6年、『アジア稲作文化紀行』（雄山閣）平成13年、『地球を歩きながら考えた』（原書房）平成16年、『野外文化教育としての体験活動—野外文化人のすすめ—』（三和書籍）平成22年、『写真で見るアジアの少数民族』Ⅰ～Ⅴ（三和書籍）平成23年～24年、『逞しく生きよう』（原書房）平成25年、『ガンコ親父の教育論—折れない子どもの育て方—』（三和書籍）平成26年、『ビルマ・インパール前線　帰らざる者への追憶—ベトナムからミャンマー西北部への紀行—』（三和書籍）平成27年、『日本人が気づかない心のDNA－母系的社会の道徳心－』（三和書籍）平成29年、『私がなぜ旅行作家になったか』（幻冬舎）平成30年、『チンドウィン川紀行』（三和書籍）平成30年、『大嘗祭の起こりと神社信仰』（三和書籍）令和元年、『大嘗祭の本義—民俗学からみた大嘗祭』（三和書籍）令和元年、『不確実な日々』（新潮社）令和2年。

稲作文化の原郷を訪ねて
—越系少数民族探訪—

2022年　2月　17日　　第1版第1刷発行

著　者　　森　田　勇　造

発行者　　高　橋　　考
発行所　　三　和　書　籍

〒112-0013　東京都文京区音羽2-2-2
TEL 03-5395-4630　FAX 03-5395-4632
sanwa@sanwa-co.com
https://www.sanwa-co.com

印刷所／中央精版印刷株式会社

ISBN978-4-86251-460-8　C0026

三和書籍の好評図書

Sanwa co.,Ltd.

尖閣問題の変化と中国の海洋進出

亀田晃尚 著
A5判　上製
価格：8,800円+税

●1960年代、国連アジア極東経済委員会の調査により、東シナ海に莫大な海洋石油資源の埋蔵の可能性が指摘された。これを発端にして中国が尖閣諸島の領有権を主張し始め、日中間の最大の懸案になった。本書は、尖閣問題が時代とともに変化していった政治的・政策的な過程と、最近の中国の積極的な海洋進出について、膨大な資料の分析により整理・考察している。急激な経済成長を遂げている中国と相対的に国力が低下している日本。両者のポジションが移ろい、新しい段階に入った尖閣問題を正しく捉えるための必読の書。

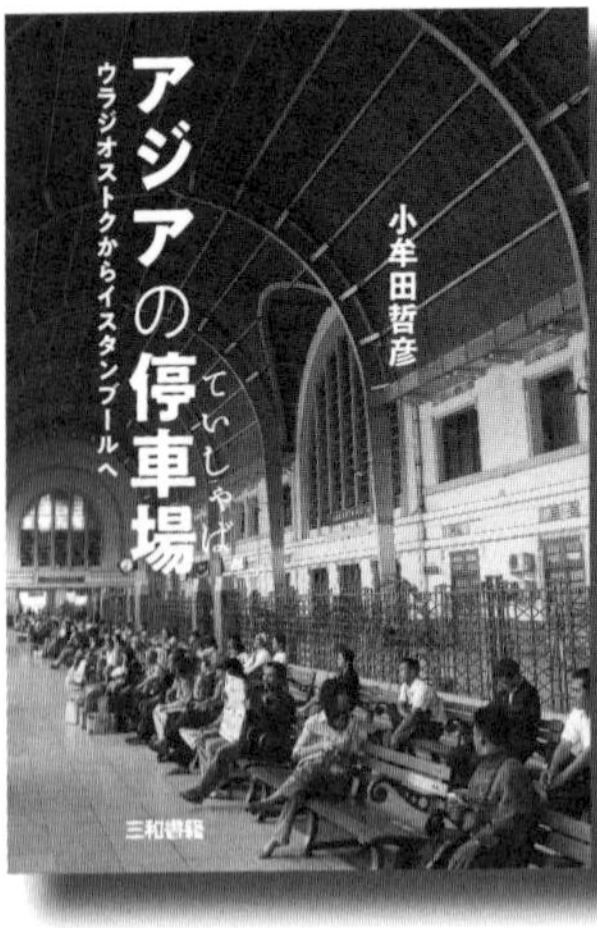

アジアの停車場

小牟田哲彦 著
A5判　並製
価格：2,200円+税

●人でごった返すターミナル。観光客がいないローカル駅。観光資源、知名度、行きやすさにとらわれず、アジア各地で旅人が心惹かれる情緒を感じる駅――アジアの停車場（ていしゃば）――を辿る。アジア28ヵ国・地域の100駅を訪問した紀行文を、極東からアジア西端まで鉄路が続くように並び替えて再構成した。読み進めていけば、アジアの端から端まで実際に移動しているかのような気分で異国情緒に浸ることができる。また、鉄道研究家である著者の独自の視点から駅の歴史や国際事情を解説しており、普通のアジア放浪記とは一味違う筆致で描かれる鉄道紀行となっている。美麗巻頭カラー16ページ、100駅すべての写真掲載、さらに全地域の駅の位置が分かる詳細な地図を配置し、ビジュアル的にも大満足な一冊。